高等职业教育会计专业系列教材

基础会计实训教程

（第四版）

主　编　史宁宁　刘松颖
副主编　甄立敏　贾会棉　刘　伟

南京大学出版社

内 容 简 介

本书按照高职教育培养目标的要求,结合我们多年的实训教学内容整理后编写,有较强的可操作性。每部分实训内容从易到难、由简单到复杂、由单项实训到综合实训,将会计基本方法按实际业务处理程序串联起来,通过练习使学生掌握会计的基本操作技能和方法。本书主要实训内容包括:大、小写数字书写练习,原始凭证的填制,原始凭证的审核,记账凭证填制,记账凭证的审核,现金、银行存款日记账的登记,明细账的登记,总账、明细账平行登记,错账更正,财产清查实训,资产负债表、利润表编制,综合实训。

本书既可以作为高职院校在校生基础会计实训课使用,也可作为会计培训的教材。

图书在版编目(CIP)数据

基础会计实训教程 / 史宁宁,刘松颖主编. --4 版.
-- 南京:南京大学出版社, 2021.3
ISBN 978-7-305-24557-2

①基… Ⅱ. ①史… ②刘… Ⅲ. ①会计学—教材
Ⅳ.Ⅰ①F230

中国版本图书馆 CIP 数据核字(2021)第 113859 号

出 版 人　金鑫荣

书　　名　基础会计实训教程

主　　编　史宁宁　刘松颖

责任编辑　尤　佳　　　　　　　　编辑热线　025-83592315

照　　排　南京新华丰制版有限公司

印　　刷　常州市武进第三印刷有限公司

开　　本　787×1092　1/16　印张14.5　字数318千

版　　次　2021年3月第4版　2021年3月第1次印刷

ISBN　978-7-305-24557-2

定　　价　49.50元

网址:http://www.njupco.com
官方微博:http://weibo.com/njupco
官方微信号:njupress
销售咨询热线:(025)83594756

前　　言

　　根据教育部职业教育指导思想的要求,高职教育应以技能培养为主要目标,毕业生应具备必要的理论知识和较强的实践能力,要求加大实训课比例。会计专业是应用型专业,会计学是一门操作性较强的学科,更要求学生具有较强的动手能力。为满足会计教学需要,我们特组织一批具有会计教学经验的一线骨干教师及在企业从事多年会计工作的人员,共同编了《基础会计实训教程》作为《基础会计》课程的配套教材,目的在于使学生掌握会计核算的基本方法、程序,学会会计处理的技能,提高学生动手操作能力。

　　本书的编写,充分考虑到高等职业院校学生的特点,注重了教材内容的实用性、易操作性。主要体现在以下几个方面。

　　1. 以能力训练为培养核心。本书以规范的会计凭证、账簿、报表为依托,在实训设计中从填制和审核原始凭证、填制记账凭证、登记各种账簿、编制会计报表、整理会计资料等方面指导学生进行仿真实训。

　　2. 实训内容循序渐进,由浅入深。本书的实训内容从易到难、由简单到复杂、由单项实训到综合实训、从教师指到学生独立完成,使学生可以逐步掌握会计操作技能和方法。

　　3. 系统性。本书所选实训资料涵盖了基础会计的基本方法和基本操作技能,通过综合实训按业务处理程序串联起来,形成完整的会计核算方法体系。

　　4. 有较强的可操作性。此书将我们多年的实训教学内容进行归纳,按照基础会计教学顺序整理后编写。

　　5. 易理解性。本书每项经济业务都有文字说明和原始凭证两部分。对于初学会计课程的学生来说,业务的文字提示可帮助他们理解经济业务的内容。

　　本书分为三个项目,项目一为借贷记账法练习,项目二为单项会计方法模拟实训,项目三为综合模拟实训。在结构上,每一实训项目均包括实训目的、实训要求、实训指导、实训资料等。本书由史宁宁、刘松颖任主编,负责拟定整体思路,统稿和全书修改。具体分工如下:项目一,项目二中的任务1、任务2、任务3、任务8由史宁宁编写。项目二中的任务4、任务6、任务7由刘松颖、刘伟编写。项目二中的任务11,项目三中的任务1、任务2由甄立敏编写,刘松颖制作原始凭证,史宁宁制作账页。项目二中的任务5、任务9、任务10由贾会棉编写,许现晖制章。刘伟负责实务部分的审核,陈领会负责有关会计法规内容的审核。胡汉祥教授、周雅璠教授、刘巧茹教授在本书编写中提出了积极的建议,在此一并表示感谢。

本版在前面版次的基础上，根据最新修订的会计准则和税法对书中相关内容进行了更新，主要包括：按照调减后增值税率修改相关业务的计算；更新了资产负债表和利润表的格式和内容；对部分原始凭证按照新的发票格式进行了调换。本版还修正了前面版次的一些错误。

由于编写时间仓促，编者水平有限，书中难免不足之处，恳请读者批评指正。

编　者
2021年2月

目　　录

项目一

借贷记账法练习

1.1.1 实训目的

（1）练习会计要素的划分。

（2）掌握借贷记账法各环节的操作方法。

1.1.2 实训指导

运用借贷记账法进行核算，主要包括以下环节：

（1）开设T型账户。

（2）登记各账户的期初余额。

（3）根据业务编写会计分录。

（4）根据会计分录登账。

（5）结账：结算各账户本期发生额、期末余额。

（6）编试算平衡表，进行试算。

1.1.3 实训要求

（1）根据实训资料1（表1-1-1），写出所给内容的项目名称（账户），判断哪些属于资产、哪些属于负债及所有者权益。

（2）将表1-1-1判断的结果填入表1-1-2。注：将相同项目（账户）金额相加后再填表1-1-2。

（3）根据表1-1-2开设T型账户（见P₅T型账户），登记期初余额（见表1-1-2）。

（4）根据下列实训资料2的业务在表1-1-3中编写会计分录。

（5）根据会计分录登记T型账户并结账。

（6）编试算平衡表（表1-1-4）。

1.1.4 实训资料

实训资料1

表1-1-1   2013年2月新兴公司有关项目

项　　目	金　　额	项目名称(账户)	类　　别		
			资　产	负　债	所有者权益
出纳保管的现款	3 000				
存入银行的款项	300 000				
购入用于交易的债券	52 000				
应收A厂的货款	200 000				
暂付的差旅费	5 000				
库存的甲材料	840 000				
库存的包装物品	355 000				
库存的完工产品	490 000				
厂房	500 000				
办公楼	270 000				
机器设备	1 130 000				
运输汽车	250 000				
向银行借入半年期款项	1 200 000				
应付B厂的购货款	200 000				
应付给职工的工资	5 000				
未交的税金	40 000				
向银行借入三年期款项	150 000				
国家投入资本	2 150 000				
其他单位投入资本	600 000				
从利润中提取的公积金	50 000				

表1-1-2

资产项目	金　额	负债及所有者权益项目	金　额
合　计		合　计	

实训资料2

2020年3月新兴公司发生下列业务：

（1）国家投入新机器，价值300 000元。

（2）向银行借入5年期款项150 000元，存入银行。

（3）用银行存款偿还短期借款100 000元。

（4）取得短期借款50 000元，直接归还欠货款。

（5）从银行提现金3 000元。

（6）收回A厂欠本厂货款200 000元，存入银行。

（7）用银行存款归还欠C厂货款20 000元。

（8）用现金预付职工李华差旅费2 000元。

（9）将现金1 000元存入银行。

（10）用银行存款购买机器，价值150 000元。

1.1.5　实训用材

将以上10笔业务在表1-1-3中编写会计分录。

表1-1-3   会计分录表

业务号	会计分录	业务号	会计分录
1		6	
2		7	
3		8	
4		9	
5		10	

开设T型账户如下：

库存现金   银行存款

应收账款   其他应收款

固定资产

短期借款

应付账款

实收资本

长期借款

表1-1-4

总分类账户试算平衡表

2020年3月

会计科目	期初余额		本期发生额		期末余额	
	借　方	贷　方	借　方	贷　方	借　方	贷　方
库存现金						
银行存款						
交易性金融资产						
应收账款						
其他应收款						
原材料						
周转材料						
库存商品						

续表

会计科目	期初余额		本期发生额		期末余额	
	借　方	贷　方	借　方	贷　方	借　方	贷　方
固定资产						
短期借款						
应付账款						
应付职工薪酬						
应交税费						
长期借款						
实收资本						
盈余公积						
合　　计						

项目二

单项模拟实训

任务1 数字书写练习

2.1.1 实训目的

（1）通过实训掌握阿拉伯数字标准书写方法，做到书写规范、自然、清晰、流畅。

（2）掌握汉字大写数字的标准书写方法，做到书写正确、规范。

2.1.2 实训指导

1.阿拉伯数字的标准写法

（1）字体要各自成形，大小均衡，排列整齐，字迹工整、自然、清晰。

（2）数字应当一个一个地写，不得连笔写。

（3）在没有数位线的账、证书写时，同行的相邻数字之间要空出半个阿拉伯数字的位置，上下位数要对齐。

（4）每个数字要紧靠凭证或账表行格底线书写，字体高度占行格高度的1/2，不得写满格，以便留有改错的空间。

（5）有圆的数字，如6、8、9、0等，圆圈必须封口。

（6）"6"字要比一般数字向右上方长出1/4，"7"和"9"字要向左下方长出1/4（过底线）。

（7）字体要向右倾斜约30度（数字与底线成60度的倾斜），如下图所示。

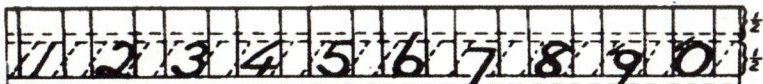

（8）符号"￥"为人民币符号。小写金额数字前若有人民币符号，则数字后不用写"元"字。

2．汉字大写数字的标准写法

（1）汉字大写数字要以正楷或行书字体书写。字体要各自成形，大小匀称，排列整齐，字迹要工整、清晰。

（2）大写数字一律用"壹、贰、叁、肆、伍、陆、柒、捌、玖、拾、佰、仟、万、亿、元、角、分、零、整（正）"等。不能用"毛"代替"角""另"代替"零"。

（3）中文大写应按照汉语语言规律进行书写，写数与读数的顺序一致。

（4）阿拉伯金额数字中间有"0"时，大写金额要写"零"字；

阿拉伯金额数字中间连续几个"0"时，大写可以只写一个"零"字；

元位是"0"，但角位不是"0"时，大写可以不写"零"字；

角位是"0"，而分位不是"0"时，大写"元"字后必须写"零"字；

大写金额数字到元或者角为止的，在"元"或者"角"字之后应当写"整"字或者"正"字；大写金额数字有分的，分字后面不写"整"或者"正"字。

（5）数字为"壹拾"的，大写金额的"壹"字不能少。

2.1.3　实训要求

根据2.1.4实训资料，按照数字的标准书写法进行书写练习。

2.1.4　实训资料

实训资料1

在表2-1-1中书写阿拉伯数字，先在左侧有数位线处练习，然后在右侧练习。

表2-1-1　　　　　　　　　　　　　　阿拉伯数字书写练习表

实训资料2

在表2-1-2中进行大写数字书写练习。

表2-1-2 　　　　　　　　　　　大写数字书写练习表

壹						拾					
贰						佰					
叁						仟					
肆						万					
伍						亿					
陆						元					
柒						角					
捌						分					
玖						整					
						零					

实训资料3

根据表2-1-3中大写数字写出阿拉伯数字。

表2-1-3 　　　　　　　　　　　书写阿拉伯数字

中文大写数字	阿拉伯数字
人民币壹拾万元整	
人民币玖仟叁佰元伍角整	
人民币柒万肆仟伍佰零贰元捌角陆分	
人民币壹拾玖万零贰拾叁元整	
人民币陆佰叁拾元玖角捌分	
人民币叁仟万零贰拾元整	
人民币伍仟贰佰万零陆仟玖佰柒拾捌元整	
人民币贰拾肆万零捌佰零壹元零玖分	
人民币陆仟叁佰贰拾柒元伍角肆分	
人民币陆佰万零贰佰捌拾元零柒分	

根据表2-1-4中阿拉伯数字写出大写数字。

表2-1-4　　　　　　　　　书写大写数字

阿拉伯数字	中文大写数字
￥580.20	
￥160 809.00	
￥3 000 070.10	
￥28 713.49	
￥60 104.09	
￥109 080.80	
￥206 054.03	
￥80 001.20	
￥76 003 000.00	
￥396 274.58	

任务2　填制原始凭证

2.2.1　实训目的

通过实训使学生熟悉原始凭证的基本内容,掌握常用原始凭证的填制方法。

2.2.2　实训指导

根据《会计基础工作规范》的规定,填制、取得原始凭证的应符合下列要求。

(1)填写内容真实,原始凭证所记载的内容应与实际情况一致,不得伪造、乱编原始凭证。

(2)内容完整,按凭证中的项目逐项填写,不可漏缺。签章要齐全,从外单位取得的原始凭证,必须盖有填制单位的公章;同样,对外开出的原始凭证,必须加盖本单位的公章。从个人取得的原始凭证,必须有填制人员的签名或者盖章。

(3)填写及时,每项业务完成后,及时填写原始凭证,不得后补。

(4)填写清楚,字迹清楚规范,不得乱造简化字。

(5)阿拉伯数字的书写要求:

①阿拉伯数字不得连笔写,要紧靠凭证行格底线书写,占格距的1/2;

② 数字填写至角分位,无角分位的,用"00"或"—"表示;

③ 合计金额前要写币种符号,如人民币符号"￥"。币种符号与数字间不得留空,数字前有币种符号的,数字后面不再写货币单位。

④ 金额栏空白处,从右上角至左下角划对角线或"S"形线注销,但打印的会计凭证(简称"机制凭证")可以不划对角线。

(6) 汉字大写金额书写要求:

① 汉字大写金额按规定的文字书写,一律用楷书或行书;

② 汉字大写金额前要写"人民币"三个字,"人民币"与金额间不得留空;

③ 印有金额位数的凭证,金额前的空位要划⊗或写零。

(7) 凭证要连续编号。

(8) 凭证不得随意涂改、刮擦、挖补。

① 原始凭证记载的内容有错误,应由出具单位重开或更正,并在更正处盖章。

② 金额出现错误,不得更正只能重开。

③ 对于已预先编号的凭证,在写错作废时,应加盖"作废"戳记,并保存不得销毁;一式几联的原始凭证作废时加盖"作废"戳记,连同存根一起保存。

(9) 一式几联的原始凭证,必须用双面复写纸套写,或本身具备复写功能,各联要注明用途,并且只能以一联作为报销凭证。

(10) 支票填制说明。

① 支票可分为现金支票(用于提取现金)和转账支票(用于转账业务)等,不得混用。

② 填写支票用蓝黑碳素墨水笔,收款单位名称应填写全称。如果本单位自行提取现金可填"本单位"。

③ 除"复核""记账"等由银行填写,其他各栏填写清楚、齐全。

④ 出票日期要中文大写,日期为壹至玖和拾、贰拾和叁拾的,在前面加"零"。日期为拾壹至拾玖的,在前加"壹"。月为壹、贰和壹拾的,在前加"零"(存根部分日期不用大写)。

⑤ 作废支票不得撕毁,注销后与存根一起保管。

2.2.3　实训要求

根据2.2.4实训资料1在教师指导下填制原始凭证,根据实训资料2学生自己填制原始凭证。

2.2.4　实训资料

实训资料1

虚拟会计主体资料如下:

企业名称:定安市瑞丽服装公司(增值税一般纳税人)

地址:定安市朝阳路106号,电话:8927856

纳税人登记号:130603567893216

开户银行:建设银行朝阳路分理处

账号:6043569813267562

企业法人代表:陈晓刚

会计:赵明

出纳员:李红

会计主管:张山

该企业2020年2月发生的有关交易或事项如下:

(1)2月1日,开出现金支票(表2-2-1)从银行提取现金3 600元备用。

表2-2-1

中国建设银行 现金支票存根(冀) $\frac{E\ K}{0\ 2}$08936219	中国建设银行现金支票(冀) 出票日期(大写)　　年　月　日 收款人:_ _ _ _ _ _	$\frac{E\ K}{0\ 2}$08936219 付款行名称: 出票人账号:
附加信息_____ _____ _____	人民币 (大写)	百 十 万 千 百 十 元 角 分
出票日期　年　月　日 收款人: 金　额: 用　途:	用途_____ 上列款项请从 我账户内支付	
单位主管　会计	出票人签章　　复核　　记账	

(本支票付款期限十天)

(2)2月2日,向裕华商场(裕华商场的纳税人识别号:130603589764326,地址:定安市裕华路123号, 电话:8520937, 开户行及账号:定安市农业银行裕华路分理处, 4362135869762315)销售成衣,其中170A男套装50套,每套300元,170B男衬衫50件,每件100元(均不含增值税),开出增值税专用发票(表2-2-3)增值税率13%,收到对方的转账支票(号码$\frac{E\ K}{0\ 2}$08935762),面值22 600元,当日送存银行并填写银行进账单(表2-2-2)。填制增值税专用发票及银行进账单。

表2-2-2

中国建设银行进账单(收账通知)

年　月　日　　　　第067号

付款人	全称		收款人	全称											此交联给是收款人收开账户通行知
	账号			账号											
	开户银行			开户银行											
人民币 (大写)					千	百	十	万	千	百	十	元	角	分	
票据种类		张数													
票据号码															
单位主管　会计　复核　记账				收款人开户行盖章											

表2-2-3

1300081130
河北增值税专用发票
记账联

№ 02936783

开票日期：　年　月　日

购买方	名　　称： 纳税人识别号： 地　址、电话： 开户行及账号：	密码区	6<3-8/≠33>80+8+77>5+≠-168 ≠?+78?33<8-79834≠110013215520>84 >315-2*0*8-843<2 12285079?46+*56>> 2*++524+>>*52 12285079?46+*56>

货物或应税劳务、服务名称	规格型号	单位	数量	单价	金　额	税率	税　额
合　计					￥		￥
价税合计(大写)						(小写)￥	

销售方	名　　称： 纳税人识别号： 地　址、电话： 开户行及账号：	备注	

收款人：　　　　复核：　　　　开票人：　　　　销货单位：(章)

第一联　记账联　销货方记账凭证

（3）2月3日，出纳员将当天的销售款85 600元现金存入银行（其中面额100元的700张，面额50元的300张，面额10元的60张）。填制现金交款单表2-2-4。

表2-2-4
中国建设银行现金交款单

币种：　　　　　　　　　年　月　日　　　　　　　　　　№　03678

交款单位		收款单位											
款项来源		账号		开户银行									
大写金额					亿	千	百	十	万	千	百	十	元	角	分
券别				合计金额		科目(贷) 对方科目(借)								
整把券														
零张券														

第一联　由银行盖章退回单位

- 13 -

（4）2月8日，收到新友公司转账支票，金额170 000元，为预付的购货款，由出纳开出收据（表2-2-5）一张。

表2-2-5

统一收款收据

年　月　日　　　　　　　　　　　　　　　No　0352

交款单位 或交款人		收款方式	
事由＿＿＿＿＿＿＿＿		备注：	
金额人民币（大写）：＿＿＿＿＿＿＿＿		￥	

收款人：　　　　　　　收款单位（盖章）

第二联　记账联

（5）2月9日，向新新商店（纳税人识别号：110228773681035，增值税率为13%，地址：定安市新华路62号，电话：5885688。开户行及账户：工行卫生路支行，584000586543343。）销售170B男西服50套，每套350元（不含增值税），向购货单位开出普通发票（表2-2-6）。

表2-2-6

1300164330　　　　　　**河北增值税普通发票**　　　No 64707365

校验码 07133 89935 71425 31983　　发票联　　开票日期：　年　月　日

购买方	名　称：		密码区	6<3-8/≠33>80+8+77>5+≠ -168≠?+ 78?33 <8 -79834 ≠110013215520 >84 > 315-2*0*8-843<2 12285079?46+*56>> 2* ++524 +>>*5 >315 -2*0*8 -843 <2 12285079?46+*56>>2*++52
	纳税人识别号：			
	地址、电话：			
	开户行及账号：			
货物或应税劳务、服务名称	规格型号	单位	数量	单价	金额	税率	税额
合　计					￥		￥
价税合计（大写）					（小写）￥		
销售方	名　称：		备注				
	纳税人识别号：						
	地址、电话：						
	开户行及账号：						

收款人：　　　复核：　　　开票人：　　　销货单位：（章）

第一联　记账联　销货方记账凭证

实训资料2

瑞丽服装公司2020年6月发生的有关交易或事项如下：

（1）6月2日，开出现金支票从银行提取1 800元现金备用（填制表2-2-7）。

表2-2-7

中国建设银行 现金支票存根(冀) $\dfrac{E}{0}\dfrac{K}{2}$ 08931953	中国建设银行现金支票(冀)　$\dfrac{E}{0}\dfrac{K}{2}$ 08931953
附加信息 出票日期　　年 月 日 收款人： 金　额： 用　途： 单位主管　　会计	出票日期(大写)　　　年 月 日　　付款行名称： 收款人：_ _ _ _ _ _ _ _ _ _ 　出票人账号： 本支票付款期限十天　　人民币(大写)　　　　　百十万千百十元角分 用途_____ 上列款项请从 我账户内支付 出票人签章　　　　　复核　　　记账

（2）6月2日，销售科李艳华赴上海开商品展销会，经批准向财务科借差旅费2 500元，财务人员审核无误后付现金。填制表2-2-8。

表2-2-8

借 款 单

年 月 日　　　　　　　　　　　　　　　　　　　　No 312

部　　门		借款事由	
借款金额	人民币(大写)		￥_____
批准金额	人民币(大写)		￥_____
领　　导		财务主管		借款人	

（3）6月10日，开出转账支票58 000元，向茂源工厂预付布料款。填制表2-2-9。

表2-2-9

中国建设银行 转账支票存根(冀) $\dfrac{E}{0}\dfrac{K}{2}$ 08933867	中国建设银行转账支票(冀)　$\dfrac{E}{0}\dfrac{K}{2}$ 08933867
附加信息 出票日期　　年 月 日 收款人： 金　额： 用　途： 单位主管　　会计	出票日期(大写)　　　年 月 日　　付款行名称： 收款人：_ _ _ _ _ _ _ _ _ _ 　出票人账号： 本支票付款期限十天　　人民币(大写)　　　　　百十万千百十元角分 用途_____ 上列款项请从 我账户内支付 出票人签章　　　　　复核　　　记账

（4）6月11日，向定安市东方商场（东方商场的纳税人识别号：130603325664378，地址：定安市光明路326号，电话：7502382，开户行及账号：定安市建设银行光明路分理处362135869763569）销售服装，其中170B男套装62套，每套700元，165A裙装35套，每套600元（不含增值税），开出增值税专用发票（表2-2-10），增值税率13%，收到对方的转账支票，面值72 772元（号码$\frac{EK}{02}$08933562），当日送存银行并填写银行进账单（表2-2-11）。填制增值税专用发票及银行进账单。

表2-2-10

1300082375

河北增值税专用发票
记账联

No 02963843

开票日期：　年　月　日

购买方	名　　　称：						密码区	6<3-8/≠33>80+8+77>5+≠-168≠?+78?33<8-79834≠ 110013215520>84> 315 -2*0*8 -843 <2 12285079?46 + *56>>2*++524+>>*52 12285079?46+ *56>	第一联　记账联　销货方记账凭证
	纳税人识别号：								
	地　址、电话：								
	开户行及账号：								
货物或应税劳务、服务名称	规格型号	单位	数量	单　价	金　　额	税　率	税　额		
合　　计					￥		￥		
价税合计（大写）						（小写）￥			
销售方	名　　　称：					备注			
	纳税人识别号：								
	地　址、电话：								
	开户行及账号：								

收款人：　　　　　复核：　　　　　开票人：　　　　　销货单位：（章）

表2-2-11　　　　　　**中国建设银行进账单（收账通知）**

　　　　　　　　　　　年　月　日　　　　　　　　　　　第539号

付款人	全　　称		收款人	全　　称										此交联给是收收款人人收开账户通行知
	账　　号			账　　号										
	开户银行			开户银行										
人民币（大写）					百	十	万	千	百	十	元	角	分	
票据种类		张数												
票据号码														
单位主管　会计　复核　记账				收款人开户行盖章										

（5）6月12日，向个体经营者张玲（纳税人识别号：123028773681023，增值税率为13%，地址：定安市建华路135号，电话：5355688）（建华路135号）销售170B男套装5套，每套600元（含增值税），销售170A男式衬衣100件，每件50元（含增值税），收到现金并开出销售发票。填制销售发票表2-2-12。

表2-2-12

河北增值税普通发票

1300164337　　　　　　　　　　　　　No 64707366

校验码 07133 89935 71425 31983　　　开票日期：　年　月　日

购买方	名　　　称：					密码区	6<3-8/≠33>80+8+77>5+≠ -168≠?+ 78?33 <8 -79834 ≠110013215520 >84 > 315-2*0*8-843<2 12285079?46+*56>> 2* ++524 +>>*5 >315 -2*0*8 -843 <2 12285079?46+*56>>2*++52		
	纳税人识别号：								
	地 址、电 话：								
	开户行及账号：								

货物或应税劳务、服务名称	规格型号	单位	数量	单价	金　额	税率	税　额
合　计					¥		¥
价税合计（大写）					（小写）¥		

销售方	名　　　称：		备注
	纳税人识别号：		
	地 址、电 话：		
	开户行及账号：		

收款人：　　　　复核：　　　　开票人：　　　　销货单位：（章）

（6）6月12日，销售科李艳华到上海开会回来报销差旅费（起始日期2019年6月5日至6月10日）填写差旅费报销单（表2-2-13）。定安至上海往返火车票两张（当天可到达），每张500元。出差补助每天20元，共计120元。住宿单据1张，金额810元。原预借款2 500元，退回现金570元，由出纳开出收据一张（表2-2-14）。

表2-2-13　　　　　　　　　　　**差旅费报销单**

部门：　　　　　　年　月　日　　　　　　　　No 33968

姓　名		出差事由		出差自 年 月 日			共 天
				至 年 月 日			

起讫时间及地点						车船票		夜间乘车补助费			出差补助费			食宿费	其他
月	日	起	月	日	讫	类别	金额	时间	标准	金额	日数	标准	金额	金额	金额
小计															
合计金额（大写）：　 仟 佰 拾 元 角 分											¥				
备注：预借　　核销　　退补															

单位领导：　　　财务主管：　　　审核：　　　填报人：

表2-2-14

统一收款收据

年　月　日　　　　№ 627

交款单位 或交款人		收款方式	
事由______ 金额人民币(大写):______　　¥			备注:

收款人:　　　　收款单位(盖章)

第二联 记账联

(7) 6月13日,向本市晨光纺织厂购进60S棉布100 匹,每匹单价3 000元,材料由收料员张薇验收入2号库。填制材料入库单(表2-2-15)和转账支票(表2-2-16)。

表2-2-15

材料入库单

供应单位:　　　　年　月　日

发票号:32558076　　　　字第531号

材料名称	规格材质	计量单位	应收数量	实收数量	单价	金额									
						千	百	十	万	千	百	十	元	角	分
检验结果	检验员签章:		运杂费												
			合　计												

仓库:　　　　会计:　　　　收料员:　　　　制单:

第二联 记账联

表2-2-16

中国建设银行
转账支票存根(冀)
$\frac{E\ K}{0\ 2}$06935761

附加信息

出票日期　　年　　月　　日

收款人:
金　额:
用　途:

单位主管　　　　会计

中国建设银行转账支票(冀)　　$\frac{E\ K}{0\ 2}$06935761

出票日期(大写)　　年　　月　　日　　付款行名称:

收款人:　　　　出票人账号:

本支票付款期限十天

人民币 (大写)	百	十	万	千	百	十	元	角	分

用途______

上列款项请从

我账户内支付

出票人签章　　　　复核　　　　记账

（8）6月13日，出纳员将当天的销售款96 155元现金存入银行。(其中面额100元的800张，面额50元的300张，面额10元的100张，5元的26张，2元的10张，5角8张，2角5张)。填制现金交款单表2-2-17。

表2-2-17

中国建设银行现金交款单

年　月　日　　　　　　　　　　　　　　　　　No　89765

交款单位		收款单位											
款项来源		账　号			开户银行								
大写金额						亿	千	百	十	万	千	百	十 元 角 分
券别	伍角	贰角	壹角	伍分	贰角	壹分	科目(贷)						
张数							对方科目(借)现金						
券别	壹佰元	伍拾元	贰拾元	拾元	伍元	贰元	壹元						
张数													

第一联　由银行盖章后退回单位

（9）6月13日，向建设银行借款150 000元，用于生产周转，期限半年。填写借款凭单表2-2-18。

表2-2-18

中国建设银行借款凭单

年　月　日　　　　　　　　　　　　　　　　编号:0256382

借款人			账号									
贷款金额	人民币(大写)			千	百	十	万	千	百	十	元	角 分
用途		期限	约定还款日期					年	月	日		
			贷款利率	6%(年)	贷款合同号码	20130605						
上列贷款已转入借款人指定账户												
	银行盖章(章)　　复核　　记账											

此联代收款人收账通知

（10）6月18日，生产车间刘英到仓库领用材料，用于生产男西服，领用300T纯涤纶花呢150米，单价20元，领用230T针织纯涤纶200米，单价16元，工作单号1356，发料人黄普。填领料单表2-2-19。

表2-2-19

领 料 单

No 359

领料部门：　　　　　　　　　　　　　年 月 日　　　　　　　　　　金额单位：元

材料		单位	数量		单位成本	金额	过账	第一联 存根联
名称	规格		请领	实发				
工作单号		用途						
工作项目								

会计：　　　　　　记账：　　　　　　发料：　　　　　　领料：

（11）6月30日，本月领料如下：生产男西服领用纯涤纶花呢200米，单价20元，领用棉布26米，单价15元。生产男衬衫领用棉布350米，单价15元。车间一般耗用纯涤纶花呢15米，厂部耗用棉布10米。填制发料汇总表2-2-20。

表2-2-20

发料汇总表

No 637

单位名称：　　　　　　　　　　　　　年 月 日　　　　　　　　　　金额单位：元

借方科目		贷方科目		合 计
		纯涤纶花呢	纯棉布	
生产产品耗用	男西服			
	男衬衫			
	小 计			
车间一般耗用				
厂部耗用				
合 计				

（12）6月30日，根据工资结算汇总表（表2-2-21）计算的结果填制工资费用分配表（表2-2-22）。

表2-2-21

工资结算汇总表

No 195

年 月 日　　　　　　　　　　金额单位：元

部 门	计时工资	计件工资	工资性津贴	奖 金	应扣工资		应付工资
					事假	病假	
生产西服工人		32 000.00	20 000.00	8 100.00	60.00	40.00	
生产衬衫工人		27 000.00	10 000.00	3 000.00			
车间管理人员	26 500.00			2 000.00			
行政管理人员	20 500.00			1 000.00			
销售人员	13 000.00			3 000.00			
合 计							

表2-2-22　　　　　　　　　　　　**工资费用分配汇总表**　　　　　　　　　　No 379

年 月 日　　　　　　　　　　　金额单位:元

车间、部门		应分配金额
车间生产人员	生产男西服	
	生产男衬衫	
	生产人员工资小计	
车间管理人员		
厂部管理人员		
销售人员		
合　计		

（13）6月30日,按工资总额的14%计提福利费(表2-2-23)。

表2-2-23　　　　　　　　　　　　**福利费用计提表**　　　　　　　　　　No 523

年 月 日　　　　　　　　　　　金额单位:元

车间、部门		工资总额	比　例	福利费
车间生产人员	生产男西服			
	生产男衬衫			
	生产人员小计			
车间管理人员				
厂部管理人员				
销售人员				
合　计				

（14）6月30日,按生产工时分配制造费用50 000元,填制制造费用分配表(表2-2-24)。

表2-2-24　　　　　　　　　　　　**制造费用分配表**　　　　　　　　　　No 430

年 月 日　　　　　　　　　　　金额单位:元

产品名称	实用工时	分配率	分配金额
男西服	6 000		
男衬衫	4 000		
合　计	10 000		

（15）6月30日,结转本月产品销售成本,其中:男西服200套,单位生产成本300元;男衬衫300件,单位生产成本90元。填写销售成本计算单(表2-2-25)。

表2-2-25 　　　　　　　　　　　　**销售成本计算单**　　　　　　　　№　672

年　月　日　　　　　　　　　　　金额单位:元

产品名称	计量单位	销售数量	单位生产成本	销售成本总额
男西服				
男衬衫				
合　计				

任务3　审核原始凭证

2.3.1　实训目的

通过实训使学生掌握原始凭证的审核内容、审核要求和审核方法。

2.3.2　实训指导

对原始凭证的审核包括以下方面。

(1)审核原始凭证的真实性、合法性、合理性,看是否符合财经法规制度。

(2)审核原始凭证填制是否符合要求,看其填写是否规范、完整,计算是否正确。

(3)具体可从以下几点审核。

①审核经济业务,看是否符合财务制度和开支标准。

②审核"抬头",看是否与本单位名称(或报账人姓名)相符。

③审核日期,看是否与报账日期相近。

④审核财务章,看签章是否齐全,是否与原始凭证的企业名称一致。

⑤审核用途,看是否是"发票"或"收据"联。

⑥审核金额,看是否等于数量乘单价。

⑦审核大写金额,看是否与小写金额一致。

⑧审核凭证脸面,看有无涂改、刮擦、贴补现象。

2.3.3　实训要求

根据2.3.4实训资料对原始凭证进行审核,指出存在的问题,并提出处理意见和修改方法。

2.3.4　实训资料

瑞丽服装公司2020年6月有关业务原始凭证记录如下：

（1）2020年6月3日，采购员赵明赴北京采购材料，填写一份借款单（表2-3-1）并经主管领导批准。

表2-3-1

借　款　单

2020年6月3日

部　　门	供应科	借款事由：参加订货会	
借款金额人民币(大写)贰仟元整	¥2 000	现金付讫	
批准金额人民币(大写)贰仟元整	¥2 000		
领　　导	周　伟	财务主管	王明林	借款人

（2）2020年6月8日，车间田程领用圆钢4 000千克，计划单价10元，领用角钢3 000千克，计划单价5元（工作单号1330），用于生产衣柜，填写领料单（表2-3-2）。

表2-3-2　　　　　　　　　　瑞丽服装公司领料单

领料部门：　　　　　　　　　　　　2020年6月8日　　　　　　　　　金额单位：元

材料名称	单位	数量		计划单价	金额	过账
		请领	实发			
圆钢	千克	5 000	5 000	10.00	5 000.00	
角钢	千克	3 000	3 000	5.00	15 000.00	
合　　计					15 000.00	
工作单号	1220	用途				
工作项目						

第二联　记账联

仓库负责人：　　　　记账：　　　　发料：王　红　　　　领料：

（3）2020年6月9日，向绿园公司销售男西服500件，单价200元，男衬衫500件，单价100元，开出增值税专用发票（表2-3-3），将有关联次交与绿园公司，同时收到绿园公司签发的转账支票一张（表2-3-4），尚未送存银行。

表2-3-3

河北增值税专用发票　　No 35879625

记账联　　开票日期：2020年6月9日

购买方	名　　称：绿园公司 纳税人识别号：1306062346633895 地址、电话：定安市幸福路16号 6230355 开户行及账号：工商银行红旗路分理处804036532129	密码区	6+-〈2〉6〉927+296+/236〈600375〈35〉〈4/ * 13000623582 -2 〈2051 +24 +2618 〈7 35879625 /3-15〉〉09/5/-1〉〉〉+23582 -2 〈2051+24+2618 〈7 35879625 /3-15〉〉 09/5/4+2618〈7 35879625625

1300062358

货物或应税劳务、服务名称	规格型号	单位	数量	单价	金额	税率	税额
男西服	170B	件	500	200.00	100 000.00	13%	13 000.00
男衬衣	170A	件	100	500.00	50 000.00	13%	6 500.00
合　计					¥150 000.00		¥19 500.00

价税合计（大写）	⊗拾陆万玖仟伍佰元		（小写）¥169 500.00

销售方	名　　称：定安市瑞丽服装公司 纳税人识别号：130603567893216 地址、电话：定安市朝阳路106号 8927856 开户行及账号：建行朝阳路分理处 　　　　　　6043569813267562	备注	定安市瑞丽服装公司 130603567893216 发票专用章

收款人：　　复核：　　开票人：刘　强　　销货单位：（章）

第一联 发票联 销货方记账凭证

表2-3-4

中国工商银行转账支票(冀) 出票日期(大写)贰零壹叁年 陆月 玖日 收款人：定安市瑞丽服装公司	安 $\frac{E}{0}\frac{K}{2}$ 06935761 付款行名称：工商银行红旗路分理处 出票人账号：6043569813267562

本支票付款期限十天

人民币 拾陆万玖仟伍佰元 （大写）	百	十	万	千	百	十	元	角	分
		1	6	9	5	0	0	0	0

用途 ＿＿＿＿＿＿

上列款项请从

我账户内支付

出票人签章　　　　　　　　复核　　记账

定安市绿园公司（印章）

李峰 印 记账

（4）6月10日，签发现金支票一张（表2-3-5），金额38 566.30元，从银行提取现金以备发工资。

表2-3-5

中国建设银行 现金支票存根（冀） $\frac{E\ K}{0\ \ 2}$06931637	中国建设银行现金支票（冀）	$\frac{E\ K}{0\ \ 2}$06931637
附加信息 _____ _____	出票日期（大写）贰零贰零年陆月壹拾日 收款人：定安市绿园服装公司	付款行名称：建行朝阳路支行 出票人账号：6043569813267562

出票日期 2020 年 6 月 10 日

收款人：	
金　额：	¥386 566.30
用　途：	发工资

单位主管　　　会计

本支票付款期限十天

人民币 叁万捌仟伍佰陆拾陆元叁角
（大写）

百	十	万	千	百	十	元	角	分
		¥	3	8	5	6	6	3	0

用途　　发工资
上列款项请从
我账户内支付
出票人签章　　　复核　　　记账

（5）6月11日，办公室职员刘敏拿来发票一张（表2-3-6），报销购买笔记本、钢笔等办公用品费用。

表2-3-6

河北增值税普通发票

1300164330　　No 64707365

校验码 07133 89935 71425 31983　　开票日期：2020年6月11日

购买方	名　　　称：定安市瑞丽服装公司 纳税人识别号：130603567893216 地址、电话：定安市朝阳路 106 号 8927856 开户行及账号：建行朝阳路分理处 6043569813267562	密码区	6<3-8/≠33>80+8+77>5+≠ -168≠?+ 78?33 <8 -79834 ≠110013215520 >84 > 315-2*0*8-843<2 12285079?46+*56>> 2* ++524 +>>*5 >315 -2*0*8 -843 <2 12285079?46+*56>>2*++52

货物或应税劳务、服务名称	规格型号	单位	数量	单价	金额	税率	税额
笔记本		本	20	5.00	100.00	13%	13.00
钢笔		本	12	13.00	165.00	13%	20.28
合　计					¥265.00		¥33.28

价税合计（大写）	贰佰玖拾捌元贰角捌分	（小写）298.28

销售方	名　　　称：定安市裕华办公用品公司 纳税人识别号：130602852371 地址、电话：定安市裕华路 120 号 8369566 开户行及账号：定安市裕华路支行 574020586546682	备注	

收款人：王 华　　复核：张 明　　开票人：刘 强　　销货方：（章）

第三联 发票联 购货方记账凭证

（6）2020年6月18日，瑞丽服装公司购买劳保用品，收到商店开出的普通发票(表2-3-7)。

表2-3-7

1300164330
校验码 07133 89935 71425 31983

河北增值税普通发票

№ 64707365

开票日期：2020年6月18日

购买方	名　　　称：服装公司 纳税人识别号：130603567893216 地址、电话：定安市朝阳路106号 8927856 开户行及账号：建行朝阳路分理处6043569813267562	密码区	6<3-8/≠33>80+8+77>5+≠ -168 ≠?+ 78?33 <8 -79834 ≠110013215520 >84 > 315-2*0*8-843<2 12285079?46+*5>> 2* ++524 +>>*52 12285079?46 +*56 >> 2*++524+>>*5

货物或应税劳务、服务名称	规格型号	单位	数量	单价	金额	税率	税额
口罩		个	200	2.60	460.18	13%	59.82
工作帽		个	200	3.20	566.37	13%	73.63
合　计					￥1 026.55		￥133.45

价税合计(大写)	壹仟壹佰陆拾元整		（小写）1 160.00

销售方	名　　　称：定安市服装公司 纳税人识别号：130602852371 地址、电话：定安市裕华路120号　8369566 开户行及账号：定安市裕华路支行 　　　　　574020586546682	备注	定安市裕华办公用品公司 13060 2852371 发票专用章

收款人：张 力　　　复核：王 阳　　　开票人：李 明　　　销货方：(章)

第三联 发票联 购货方记账凭证

（7）6月19日，销售棉布一批，向购货方开出普通发票一式三联（表2-3-8），各联如下：

表2-3-8

河北增值税普通发票

1300164330
校验码 07133 89935 71425 31983

№ 64707365

开票日期：2020年6月19日

购买方	名　　　称：定安市瑞丽服装公司 纳税人识别号：130603567893216 地址、电话：定安市朝阳路106号　8927856 开户行及账号：建行朝阳路分理处 　　　　　6043569813267562	密码区	6<3-8/≠33>80+8+77>5+≠-168≠?+ 78?33<8-79834≠110013215520>84> 315-2*0*8-843<2 12285079?46+*56>> 2*++524+>>*5>2*++524+>>*5>2*++ 524+>>*5013215520>84>31++524+

货物或应税劳务、服务名称	规格型号	单位	数量	单价	金额	税率	税额
棉布	60S+80	米	150	8.00	1200.00	13%	156.00
合　　计					￥1200.00		￥156.00

价税合计（大写）		（小写）

销售方	名　　　称：定安市裕华办公用品公司 纳税人识别号：130602852371 地址、电话：定安市裕华路120号　8369566 开户行及账号：定安市裕华路支行 　　　　　574020586546682	备注	

收款人：　　　复核：　　　开票人：　　　销货方：（章）

第三联　发票联　购货方记账凭证

（8）6月20日，采购员刘东出差回公司报销差旅费。该公司财务制度规定，出差住宿标准每人每天130元，市内交通补助每人每天20元，刘东根据有关单据如实填写差旅费报销单（表2-3-9）一张。

表2-3-9

差旅费报销单

2020年6月20日　　　　　　　　　　№　587

姓　名	刘东		出差事由	洽谈业务	出差日期		自2020年6月15日至 2020年6月19日共5天			
起讫时间及地点						车船票		夜间乘车补助费	市内车费	住宿费金额	其他	合计金额

月	日	起	月	日	讫	类别	金额	时间	标准	金额	市内车费	住宿费金额	其他	合计金额
6	15	定安	6	15	烟台		93.00				30.00			
6	15		6	18	烟台						80.00	600.00		
6	19	烟台	6	19	定安		93.00				30.00			
小　　计							186.00				140.00	600.00		￥926.00

总计金额人民币（大写）仟玖佰贰拾陆元零角零分

附单据共3张

主管：　　　部门：供应科　　　单位名称：（章）

任务4 填制记账凭证

2.4.1 实训目的

（1）通过实训熟悉各种记账凭证的格式及适用范围。

（2）掌握根据审核无误的原始凭证编制各种记账凭证的方法。

2.4.2 实训指导

1. 记账凭证的种类

记账凭证按其反映的经济业务范围分类，分为专用记账凭证和通用记账凭证两类。

（1）专用记账凭证是专门用来记录某一类经济业务的记账凭证，按其是否反映货币资金收付业务，又分为收款凭证、付款凭证和转账凭证三种。

（2）通用记账凭证是用来记录所有经济业务的记账凭证。经济业务比较简单、收付款业务不多的单位，为简化记账凭证的填制手续，可以只采用一种通用记账凭证。

2. 记账凭证的填制方法

（1）记账凭证填制的要求

① 日期一般写填制记账凭证当天的日期，也可以填写经济业务发生的日期或月末日期。

② 填写摘要，应与所附原始凭证的内容一致，文字要简练、准确。若为冲转业务，不应只写冲转，应写明冲转某年、某月、某日、某项经济业务和凭证号码。

③ 填写会计科目，应填写会计科目的全称或名称和编号，不得简写或只填会计科目的编号而不填名称。

④ 不同类型的经济业务，不得填制在一张记账凭证中。转账凭证和通用记账凭证应按先"借"后"贷"的顺序填列。不得填制"有借无贷"或"有贷无借"的会计分录。

⑤ 填列金额，数字要规范。在合计数字前应填写货币符号"￥"，一笔经济业务需填写多张记账凭证的，只在最末一张记账凭证的合计行填写合计金额。设有借贷两个金额栏的转账凭证，借贷两方都要填写合计金额，并各写一个货币符号。

⑥ 附件的计算及填写方法

没有经过汇总的原始凭证，按自然张数计算附件数量。

经过汇总的原始凭证，应把汇总表及所附的原始凭证均作为张数计入；但对差旅费、市内交通费等报销单据，可粘贴在一张纸上，作为一张原始凭证附件。

当一张原始凭证涉及几张记账凭证时，可将原始凭证附在其中一张主要的记账凭证后面，并在其他有关记账凭证上注明"原始凭证××张，附于××号记账凭证后面"的字样。

结账、更正错误时，记账凭证一般不需要附原始凭证。一张原始凭证所列支出需要几个单位共同负担的，应当将其他单位负担的部分，开给对方原始凭证分割单，进行结算。

⑦ 记账凭证的编号方法

统一编号，将全部记账凭证作为一类，编为"记字第××号"。

分三类进行编号，按收款业务、付款业务以及转账业务，分别编为"收字第××号""付字第××号""转字第××号"。

分五类进行编号，按现金收入、现金付出、银行存款收入、银行存款付出和转账分别编为"现收字第××号""现付字第××号""银收字第××号""银付字第××号""转字第××号"。

记账凭证编号应分月份按自然数字顺序连续编号，即每月都从1号编起，顺序编至月末。

一笔经济业务需要填制两张或者两张以上记账凭证的，可以采用"带分数编号法"编号，如$1\frac{1}{3}$、$1\frac{2}{3}$、$1\frac{3}{3}$号。

⑧ 记账凭证上应签章齐全，以明确责任。财会人员较少的单位，在收、付记账凭证上，至少应有两人（会计和出纳）签章；一张记账凭证涉及几个会计记账的，凡记账的会计均应在"记账"签章处签章；收、付款记账凭证还应由出纳人员签章。

⑨ 记账凭证应按行次逐项填写，不能跳行或留有空行。填制完毕的记账凭证如有空行的，应在金额栏最后一笔金额数字下面的空行处至合计数上面的一行划斜线或"S"形线注销。

⑩ 填制记账凭证时发生错误

未登账的记账凭更正填错应当重新填制。

已经登记入账的记账凭证，在当年内发现错误时，用红字填写一张与原内容相同的记账凭证，在摘要栏注明"注销某月某日某号凭证"字样，同时再用蓝字重新填制一张正确的记账凭证，注明"订正某月某日某号凭证"字样。

如果会计科目没用错，只是金额错误，可以将正确数字与错误数字之间的差额，另编一张调整的记账凭证，调增金额用蓝字，调减金额用红字。

发现以前年度记账凭证有错误的，应当用蓝字填制一张更正的记账凭证。

（2）记账凭证填制的方法

① 收款凭证和付款凭证的填制

由出纳人员根据审核无误的原始凭证收、付款后填制。在收款凭证左上方填列的借方科目，应是"库存现金"或"银行存款"科目，在凭证内反映的贷方科目，应填列与"库存现金"或"银行存款"相对应的科目。

在付款凭证左上方填列的贷方科目，应是"库存现金"或"银行存款"科目。在凭证内反映的借方科目，应填列与"库存现金"或"银行存款"相对应的科目。

"过账"栏填写已记入有关的总分类账及其所属明细分类账、库存现金或银行存款日记账的页码，或用"√"表示已经入账。

② 注意：库存现金与银行存款之间相互划转的业务，一律填制付款凭证。如从银行提取现金只编制银行存款付款凭证。

③ 转账凭证是由会计人员根据审核无误的转账业务原始凭证填制的。填制时，应将经济业务所涉及的会计科目全部填列在凭证内，借方科目在先，贷方科目在后，并将金额

填列在对应的金额栏内。

④采用通用记账凭证,所涉及货币资金收、付业务的记账凭证是由会计人员根据审核无误的原始凭证收、付款后填制的;涉及转账业务的记账凭证,是由有关会计人员根据审核无误的原始凭证填制的。

填列时,应将所涉及的会计科目全部填列在凭证内,借方在先,贷方在后,并将金额填列在对应的金额栏内,借、贷方金额合计数应相等。

2.4.3　实训要求

(1)根据2.4.4实训资料1的经济业务填制专用记账凭证。
(2)根据2.4.4实训资料2的原始凭证填制专用记账凭证。
(3)根据2.4.4实训资料3的原始凭证填制通用记账凭证。
(4)根据2.4.4实训资料4的原始凭证填制通用记账凭证。

2.4.4　实训资料

实训资料1

新华工厂2020年3月份发生的部分经济业务如下:
(1)3月4日,业务员王伟出差,预借差旅费1 500元,以现金支付。
(2)3月5日,销售产品200件给大华商场,每件120元,增值税销项税额3 120元,款项已全部收到,存入银行。
(3)3月10日,开出现金支票从银行提取现金50 000元。
(4)3月16日,购入甲材料一批,价款50 000元,增值税进项税额为6 500元,款项全部以银行存款支付。
(5)3月20日,王伟出差归来报销差旅费1 350元,退回现金150元。
(6)3月20日,购入的甲材料已到达,并验收入库,结转其实际采购成本50 000元。

实训资料2

虚拟会计主体情况如下:
企业名称:北京市宏达机械厂(增值税一般纳税人)
地址:北京市正阳大街99号　电话:81157809
开户银行:建设银行北大街支行
账号:160101040018609
税务登记号:110228773681042000
单位负责人:李军
财务主管:张成
会计:王东

出纳:陈芳

2020年5月单位的日记账余额如下:

2020年5月的库存现金日记账,截止到27日,本月的借方发生额合计85 200元,贷方发生额合计80 000元,当日借方余额5 200元。

2020年5月的银行存款日记账,截止到27日,本月的借方发生额合计305 000元,贷方发生额合计200 000元,当日借方余额105 000元。

北京宏达机械厂2020年5月28至31日发生的部分经济业务如下(本部分购买材料业务增值税专用发票抵扣联略):

(1)5月28日,从银行基本存款户提取现金备用(见表2-4-1)。

表2-4-1

中国建设银行

现金支票存根 (京)

$\frac{E}{0}\frac{E}{2}$-06000178

附加信息 ＿＿＿＿＿＿＿＿

＿＿＿＿＿＿＿＿＿＿＿＿＿＿＿＿

＿＿＿＿＿＿＿＿＿＿＿＿＿＿＿＿

＿＿＿＿＿＿＿＿＿＿＿＿＿＿＿＿

出票日期 2020 年 5 月 28 日

| 收款人:北京市宏达机械厂 |
| 金　　额:￥15 000.00 |
| 用　　途:备用 |
| 单位主管 张 成　会计 王 东 |

(2)5月28日,办公室报销招待费(见表2-4-2、表2-4-3)。

表2-4-2

费 用 报 销 单

No 2013145

报销日期 2020年5月28日

附件1张

费用项目	类　别	金　额	单位负责人（签章）	李　军
管理费用	招待费	500.00		
			审查意见	同意报销
		现金付讫	报销人	王 华
报销金额合计 ￥500.00				
大写金额 伍佰元整				
借款数:	应退数:	应补金额:￥500.00		
列支渠道	招待客户			

审核: 张 成

出纳: 陈 芳

表2-4-3

北京增值税普通发票

011001900203
校验码 07133 89935 71425 31983

No 64707365

开票日期：2020年5月25日

购买方	名　称：北京市宏达机械厂 纳税人识别号：911226370058923648 地址、电话：北京市西城区朝阳路106号 　　　　　　010-89278566 开户行及账号：北京市建行朝阳路分理处 　　　　　　1100569813267562	密码区	6<3-8/≠33>80+8+77>5+≠ -168≠?+ 78?33 <8 -79834 ≠110013215520 >84 > 315-2*0*8-843<2 12285079?46+*56>> 2*++524+>>*50>84>315-2*0*8-843<2 12285079?46+*56>>2*++524+

货物或应税劳务、服务名称	规格型号	单位	数量	单价	金额	税率	税额
＊餐饮服务＊餐费					500.00	免税	＊＊＊
合　计					￥500.00		￥＊＊＊

价税合计（大写）	伍佰元整	（小写）￥500.00

销售方	名　称：北京市宏利酒店 纳税人识别号：911126370058925678 地址、电话：北京市朝阳区裕华路120号 　　　　　　010-83695666 开户行及账号：北京市新华路支行 　　　　　　1100466813265689	备注	

收款人：王 华　　　复核：张 明　　　开票人：李 娜　　　销货方：（章）

（3）5月29日，采购部采购员李森预借差旅费（见表2-4-4）。

表2-4-4

借　款　单

2020年5月29日　　　　No　2020166

部　门	采购部	借款人	李 森	金　额	
人民币（大写）壹仟元整				￥1 000.00	
借款事由：出差		现金付讫			
领导批示	财务负责人	借款单位负责人		借款人	
李军	张成	鲁晓		李森	

（4）5月29日，从北京市丽达公司购买甲材料，取得了增值税专用发票（见表2-4-5），开出转账支票支付（见表2-4-6）。材料已验收入库，填制了材料入库单（见表2-4-7）。

表2-4-5

北京增值税专用发票

（全国统一发票监制 北京 发票监制）

发票联

1100132155
机器编号：499088207688

№ 12286098
开票日期：2020年5月29日

购买方	名　　称：北京市宏达机械厂 纳税人识别号：110228773681042000 地址、电话：北京市正阳大街99号 81157809 开户行及账号：建设银行北大街支行160101040018609	密码区	6<3-8/≠3>80+8+77>5+−168≠?+78?33< 8−79834 ≠110013213020 >84>315− 2*0*8−843<22286098?46+*56>>2*++ 524+>>*522286098?46+*56>>

货物或应税劳务、服务名称	规格型号	单位	数量	单价	金额	税率	税额
甲材料		千克	400	120.00	48 000.00	13%	6 240.00
合　计					￥48 000.00		￥6 240.00

价税合计（大写）	伍万肆仟贰佰肆十元整	（小写）￥54 240.00

销售方	名　　　称：北京市丽达公司 纳税人识别号：110267858916000 地址、电话：北京市朝阳区红阳路49号 81059908 开户行及账号：工商银行红阳路办事处116600263925501	备注	北京市丽达公司 结算方式：转账 发票专用章

收款人：王　霞　　　复核：李　静　　　开票人：刘丽华　　　　　销货单位：（章）

第三联　发票联　购货方记账凭证

表2-4-6

```
中国建设银行   （京）
转账支票存根
  E   E
 ——  ——  22975306
  0   2

附加信息
_____

_____

_____


出票日期 2020 年 5 月 29 日

收款人：北京市丽达公司

金　额：￥54 240.00

用　途：购料

单位主管 张　成   会计 王　东
```

表2-4-7　　　　　　　　　　　　　　材料入库单

供应单位:北京市丽达公司　　　　　　2020年5月29日

发票号:12286098　　　　　　　　　　　　　　　　　　　　　　字第026号

材料类别	材料名称	规格材质	计量单位	应收数量	实收数量	单价	金额										第二联 记账联
							千	百	十	万	千	百	十	元	角	分
	甲材料		千克	400	400	120			4	8	0	0	0	0	0	
检验结果　检验员签章:				运杂费												
				合　计				¥	4	8	0	0	0	0	0	
备　注																

仓库:　　2号　　会计　　收料员:王 东　　　　　　　　制单:吴子晨

(5) 5月29日,向天津市利丰公司销售A产品,开出增值税专用发票(见表2-4-8),当日收到银行收账通知(见表2-4-9)。

表2-4-8

北京增值税专用发票

1100132155　　　　　　　　　　　　　　　　No 12286078

机器编号:499088207688　　　　　　　　　　开票日期:2020年5月29日

购买方	名　　　称:天津市利丰公司 纳税人识别号:130229667985604 地址、电话:天津市河西区东风路32号 开户行及账号:工商银行惠东路支行110019000796682	密码区	6<3-8/≠33>80+8+77>5+-168≠?+78? 338 -79834110013213520 >84 >315 - 2*0*8-843<2 12286078?46+*56>>2*++ 524+>>*512286078?46+*56>>56>
货物或应税劳务、服务名称	规格型号　单位　数量　单价　金额　税率　税额		
A产品	件　200　250.00　50 000.00　13%　6 500.00		
合　计			¥50 000.00　　　　¥6 500.00
价税合计(大写)	伍万陆仟伍佰元整		(小写)¥56 500.00
销售方	名　　　称:北京市宏达机械厂 纳税人识别号:110228773681042 地址、电话:北京市正阳大街99号 81157809 开户行及账号:建设银行北大街支行160101040018609	备注	结算方式:转账

收款人:王 明　　复核:李 娜　　开票人:张 华　　　　　销货单位:(章)

表2-4-9

中国建设银行电汇凭证（收账通知）

委托日期：2020年5月29日

汇款人	全称	天津市利丰公司	收款人	全称	北京市宏达机械厂							
	账号	110019000796682		账号	160101040018609							
	汇出地点	天津市		汇入地点	北京市							
汇出行名称		工商银行惠东路支行	汇入行名称		建设银行北大街支行							
金额	人民币（大写）伍万陆仟伍佰元整				十	万	千	百	十	元	角	分
				¥	5	6	5	0	0	0	0	
	建设银行北大街支行 2013.05.29 转 汇出行签章			支付密码								
				附加信息及用途 复核　记账								

（6）5月30日，收到万方公司支付的前欠货款（见表2-4-10）。

表2-4-10

中国建设银行电汇凭证（收账通知）

委托日期：2020年5月30日

汇款人	全称	天津市万方公司	收款人	全称	北京市宏达机械厂							
	账号	1601020450018703		账号	160101040018609							
	汇出地点	天津市		汇入地点	北京市							
汇出行名称		建设银行城北支行	汇入行名称		建设银行北大街支行							
金额	人民币（大写）贰万元整				十	万	千	百	十	元	角	分
				¥	2	0	0	0	0	0	0	
	建设银行北大街支行 2013.05.30 转 汇出行签章			支付密码								
				附加信息及用途 复核　记账								

（7）5月30日，采购员李森出差归来报销差旅费（见表2-4-11）。

表2-4-11

费用报销单

№　2020146

报销日期 2020年5月30日

附件2张（略）

费用项目	类　别	金　额	单位负责人（签章）	李 军
管理费用	差旅费	750.00		
			审查意见	同意报销
		现金付讫	报销人	李 森

报销金额合计 ￥750.00

大写金额 柒佰伍拾元整

借款数：￥1 000.00	应退数：￥250.00	应补金额：
列支渠道	差旅费	

审核：张 成　　　　　　　　　　　　　　　　　出纳：陈 芳

（8）5月31日，以银行存款偿还前欠天津市大华公司的购料款（见表2-4-12）。

表2-4-12

中国建设银行 电汇凭证（回单）　1

委托日期：2020年5月31日

汇款人	全称	北京市宏达机械厂		收款人	全称	天津市大华公司	
	账号	160101040018609			账号	110018000795672	
	汇出地点	北京市	汇出行名称	建设银行北大街支行	汇入地点	天津市	汇入行名称 工商银行向阳路支行

汇入金额	人民币（大写）贰万肆仟元整	千	百	十	万	千	百	十	元	角	分
					￥2	4	0	0	0	0	0

汇款用途　偿还欠款

汇出行盖章　2020年5月31日

上列款项已根据委托办理，如需查询，请持此单来行面洽

建设银行北大街支行 2013.05.31 汇讫

（9）5月31日,办公室报销购买办公用品费（见表2-4-13）。

表2-4-13

费 用 报 销 单

报销日期 2020年5月31日

No 2020147

附件1张（略）

费用项目	类　别	金　额	单位负责人（签章）	李　军
管理费用	办公费	250.00		
			审查意见	同意报销
		现金付讫	报销人	王　明

报销金额合计 ¥250.00

大写金额 贰佰伍拾元整

借款数：	应退数：	应补金额：¥250.00
列支渠道	办公费	

审核：张　成　　　　　　　　　　　　　　　　出纳：陈　芳

（10）5月31日,支付职工王江困难补助（见表2-4-14）。

表2-4-14

职工困难补助申请审批单

2020年5月31日

单位名称	北京市宏达机械厂	姓　名	王　江
申请补助金额	600	实际补助金额	600
申请原因	妻子患病,生活困难	单位意见	同意补助
人民币（大写）	陆佰元整 现金付讫		
申请人签名 王　江	财务经理 张　成	单位领导批示	李　军

实训资料3

虚拟会计主体情况如下：

企业名称:定安市瑞丽服装公司（增值税一般纳税人）

地址:定安市朝阳路106号

电话:8927856

开户银行:建设银行朝阳路分理处

账号：6043569813267562

纳税人登记号:130603567893216

企业法人代表:陈晓刚

会计主管:张山

会计:赵明

出纳员:李红

2020年7月1日,原材料账户期初余额如下：

材料名称	数量(米)	单价	金额(元)
甲材料	3 000	7.50	22 500.00
乙材料	8 000	7.50	60 000.00
合计(原材料)	11 000		82 500.00

定安市瑞丽服装公司2020年7月发生的部分经济业务如下（本部分购买材料业务增值税专用发票抵扣联略）：

（1）6日，向华丰公司购入原材料，取得增值税专用发票（见表2-4-15），收到仓库部门转来的"入库单"（见表2-4-16），开出转账支票支付货款（见表2-4-17）。

表2-4-15

河北增值税专用发票

发票联

1300081135

No 01352075

开票日期：2020年7月6日

购买方	名　称：定安市瑞丽服装公司 纳税人识别号：130603567893216 地址、电话：定安市朝阳路106号　8927856 开户行及账号：建设银行朝阳路分理处 6043569813267562	密码区	6 <3 –8/≠33 >80 +8 +77201352075?46 + *56 >>2* ++52 –168 ≠ ? +78?33 <8 – 79834≠ 130006321320>84>315–2*0*8– 843 <201352075?46 +*56 >>2* ++524 +>> *5<

货物或应税劳务、服务名称	规格型号	单位	数量	单价	金额	税率	税额
甲材料		米	600	7.80	4 680.00	13%	608.40
乙材料		米	2 000	7.00	14 000.00	13%	1 820.00
合　计					¥18 680.00		¥2 428.40

价税合计(大写)	贰万壹仟壹佰零捌元肆角整	（小写）¥21 108.40

销售方	名　称：定安市华丰公司 纳税人识别号：130602567896257 地址、电话：定安市光明路201号　2163543 开户行及账号：定安市工行光明路分理处 5362123567890123	备注	结算方式：转账

收款人：白 然　　　复核：　　　　开票人：王 锦　　　　销货单位：（章）

表2-4-16

材料入库单

供应单位:定安市华丰公司　　　　　　　　2020年7月6日

发票号:01352075　　　　　　　　　　　　　　　　　　　　　字第50号

材料类别	材料名称	规格材质	计量单位	应收数量	实收数量	单价	金 额									
							千	百	十	万	千	百	十	元	角	分
	甲材料		米	600	600	7.80					4	6	8	0	0	0
	乙材料		米	2 000	2 000	7.00				1	4	0	0	0	0	0
检验结果　检验员签章:				运杂费												
				合　计					￥	1	8	6	8	0	0	0
备　注																

仓库:　　2号　　会计　　收料员:黄　普　　　　　　制单:吴子晨

第二联　记账联

表2-4-17

中国建设银行　　（冀）
转账支票存根

$\frac{E}{0}\frac{K}{2}$ 08965126

附加信息

出票日期 2020 年 7 月 6 日

收款人:	定安市华丰公司
金　额:	￥21 108.40
用　途:	购料

单位主管 张　山　会计 赵　明

（2）8日，车间领用原材料（见表2-4-18）。

表2-4-18

领 料 单

领料部门：车间　　　　　　　　　　2020年7月8日　　　　　　　　　　No　0.37

材 料		单 位	数 量		单位成本	金 额	过 账
名 称	规格		请 领	实 发			
甲材料		米	1 000	1 000	7.55	7 550	
乙材料		米	600	600	7.40	4 440	
工作单号	1324	用途	生产产品				
工作项目							

第二联　记账联

会计：　　　　记账：　　　　　发料：黄普　　　　　领料：唐瑄

（3）23日，向新源公司购入原材料，取得增值税专用发票（见表2-4-19），收到仓库部门转来的"入库单"（见表2-4-20），开出转账支票支付货款（见表2-4-21）。

表2-4-19

河北增值税专用发票

发票联

1300062835　　　　　　　　　　　　　　No 01361835

开票日期：2020年7月23日

购买方	名　　　称：定安市瑞丽服装公司 纳税人识别号：130603567893216 地址、电话：定安市朝阳路106号 8927856 开户行及账号：建设银行朝阳路分理处 　　　　　　　6043569813267562	密码区	6 <3 -8/≠33 >80 +8 +77201352075?46 + *56 >>2* ++52 -168 ≠ ? +78?33 <8 - 79834≠ 130006321320>84>315-2*0*8- 843 <201352075?46 +*56 >>2* ++524 +>> *5<

货物或应税劳务、服务名称	规格型号	单位	数量	单价	金 额	税率	税 额
甲材料		米	900	9.30	8 370.00	13%	1 088.10
乙材料		米	1 000	8.44	8 440.00	13%	1 097.20
合　计					￥16 810.00		￥2 185.30

价税合计（大写）	壹万捌仟玖佰玖拾伍元叁角整　　　　（小写）￥18 995.30

销售方	名　　　称：定安市新源公司 纳税人识别号：130403567895328 地址、电话：定安市东风路326号 5163579 开户行及账号：定安市工行东风路分理处 　　　　　　　5328123567858796	备注	结算方式：转账

第一联　发票联　购货方记账凭证

收款人：辛妍　　　复核：　　　开票人：岳姗　　　销货单位：（章）

表2-4-20

材料入库单

供应单位:定安市新源公司 2020年7月23日

发票号:01361835 字第51号

材料类别	材料名称	规格材质	计量单位	应收数量	实收数量	单价	金 额								
							千	百	十	万	千	百	十	元	角	分
	甲材料		米	900	900	9.30					8	3	7	0	0	0
	乙材料		米	1 000	1 000	8.44					8	4	4	0	0	0
检验结果 检验员签章:				运杂费												
				合 计					¥	1	6	8	1	0	0	0
备 注															

仓库: 2号 会计 收料员:黄 普 制单:吴子晨

第二联 记账联

表2-4-21

中国建设银行 （冀）
转账支票存根

$\frac{E}{0}\frac{K}{2}$08965127

附加信息
_____
_____
_____

出票日期 2020 年 7 月 23 日

收款人:	定安市新源公司
金 额:	¥18 995.30
用 途:	购料

单位主管 张 山 会计 赵 明

（4）27日,车间领用原材料（见表2-4-22）。

表2-4-22

领 料 单

领料部门:车间　　　　　　　　　　2020年7月27日　　　　　　　　　№ 038

材　料		单　位	数　量		单位成本	金　额	过　账
名　称	规格		请　领	实　发			
甲材料		米	800	800	8.00	6 400	
乙材料		米	800	800	7.50	6 000	
工作单号	1325	用途	生产产品				
工作项目							

会计:　　　　记账:　　　　　发料:黄　普　　　　领料:唐　瑄

第二联　记账联

（5）31日,分别结算出甲、乙两种材料本月收入、发出合计和期末余额。

实训资料4

虚拟企业情况如下:

企业名称:北京市东方工厂（增值税一般纳税人）

地址:北京市向阳路52号　电话:85687321

税务登记号:110328636810360

企业法人代表:王刚

会计主管:张会

会计:王会

出纳:郭娜

北京市东方工厂生产A产品,2020年7月发生的部分经济业务如下:

（1）4日,仓库发出甲材料（见表2-4-23、表2-4-24）。

表2-4-23

领 料 单

领料部门:车间　　　　　　　　　　2020年7月4日　　　　　　　　　№ 052

材　料		单　位	数　量		单位成本	金　额	过　账
名　称	规格		请　领	实　发			
甲材料		千克	600	600	60.00	36 000.00	
工作单号		用途	一般耗用				
工作项目							

会计:　　　　记账:　　　　　发料:孙　凤　　　　领料:张　山

第二联　记账联

表2-4-24

领 料 单

领料部门：厂部　　　　　　　　　　　　2020年7月4日　　　　　　　　　　　№ 0.53

材　料		单　位	数　量		单位成本	金　额	过　账
名　称	规　格		请　领	实　发			
甲材料		千克	1 000	1 000	60.00	60 000.00	
工作单号		用途	一般耗用				
工作项目							

第二联　记账联

会计：　　　　记账：　　　　发料：孙　凤　　　　领料：张　山

（2）9日，以银行存款支付固定资产修理费（见表2-4-25、表2-4-26）。其中车间固定资产修理费1 000元，厂部固定资产修理费500元。

表2-4-25

中国建设银行　（京）
转账支票存根

$\dfrac{E}{0}\dfrac{E}{2}$22976305

附加信息

_____

_____

_____

出票日期　2020 年 7 月 9 日

收款人：北京市机械修理厂
金　额：￥1 500.00
用　途：修理设备

单位主管 张　会　会计 王　会

表2-4-26

北京增值税专用发票

011001900305
校验码 07133 89935 71425 31983

№ 64707365
开票日期：2020年7月9日

<table>
<tr><td rowspan="4">购买方</td><td>名　　　称：北京市东方工厂</td><td rowspan="4">密码区</td><td rowspan="4">6<3-8/≠33>80+8+77>5+≠ -168≠?+78?
33<8-79834≠ 110013215520>84>315-
2*0*8-843<2 12285079?46+*56>>2*++
524+>>*5</td></tr>
<tr><td>纳税人识别号：110138646483405</td></tr>
<tr><td>地址、电话：北京市新华路70号 6588231</td></tr>
<tr><td>开户行及账号：中国建设银行西大街支行
160101040017608</td></tr>
</table>

<table>
<tr><td>货物或应税劳务、服务名称</td><td>规格型号</td><td>单位</td><td>数量</td><td>单价</td><td>金额</td><td>税率</td><td>税额</td></tr>
<tr><td>＊劳务＊维修费</td><td></td><td></td><td></td><td></td><td>1 327.43</td><td>13%</td><td>172.57</td></tr>
<tr><td>合　计</td><td></td><td></td><td></td><td></td><td>￥1 327.43</td><td></td><td>￥172.57</td></tr>
<tr><td>价税合计（大写）</td><td colspan="4">壹仟伍佰元整</td><td colspan="3">（小写）￥1 500.00</td></tr>
</table>

<table>
<tr><td rowspan="4">销售方</td><td>名　　　称：北京市机械修理厂</td><td rowspan="4">备注</td><td rowspan="4"></td></tr>
<tr><td>纳税人识别号：9111000075691183309</td></tr>
<tr><td>地址、电话：北京市西城区东直门大街10号
010-52163698</td></tr>
<tr><td>开户行及账号：中国建设银行北京东城支行
11001012500033013213</td></tr>
</table>

收款人：王明　　复核：张丽　　开票人：刘芳　　　　销货方：（章）

第三联　发票联　销货方记账凭证

（3）15日，厂部、车间报销购买办公用品费（见表2-4-27、表2-4-28、表2-4-29、表2-4-30）。

表2-4-27

费用报销单

№ 2013166

报销日期 2020年7月15日　　　　　　　　　　　附件1张

<table>
<tr><td>费用项目</td><td>类　别</td><td>金　额</td><td>单位负责人
（签章）</td><td>王刚</td></tr>
<tr><td>管理费用</td><td>办公费</td><td>500.00</td><td rowspan="2">审查意见</td><td rowspan="2">同意报销</td></tr>
<tr><td></td><td rowspan="2">现金付讫</td><td></td></tr>
<tr><td></td><td></td><td>报销人</td><td>李红</td></tr>
<tr><td colspan="5">报销金额合计 ￥500.00</td></tr>
<tr><td colspan="5">大写金额 伍佰元整</td></tr>
<tr><td colspan="2">借款数：</td><td>应退数：</td><td colspan="2">应补金额：￥500.00</td></tr>
<tr><td>列支渠道</td><td colspan="4">购买办公用品</td></tr>
</table>

审核：张会　　　　　　　　　　　　　　　　出纳：郭娜

表2-4-28

北京增值税专用发票

011001900403

校验码 07133 89935 71425 31983

No 64707365

开票日期：2020年7月15日

购买方	名　　　称：北京市东方工厂 纳税人识别号：110138646483405 地址、电话：北京市新华路70号 6588231 开户行及账号：中国建设银行西大街支行 　　　　　　　160101040017608	密码区	6<3-8/≠33>80+8+77>5+≠ -168≠?+78? 33<8-79834≠ 110013215520>84>315- 2*0*8-843<2 12285079?46+*56>>2*++ 524+>>*5

货物或应税劳务、服务名称	规格型号	单位	数量	单价	金额	税率	税额
打印纸	A4	箱	20	22.124	442.48	13%	57.52
合　计					￥442.48		￥57.52

价税合计（大写）	伍佰元整	（小写）￥500.00

销售方	名　　　称：北京市友谊商场 纳税人识别号：91110000075691176658 地址、电话：北京市朝阳区朝阳大街10号 　　　　　　　010-52163698 开户行及账号：中国建设银行北京朝阳支行 　　　　　　　11001012500033013213	备注	

收款人：王明　　复核：张丽　　开票人：刘芳　　　　销货方：（章）

第三联 发票联 购货方记账凭证

表2-4-29

费用报销单

报销日期 2020年7月15日

No 2013167

附件1张

费用项目	类别	金额	单位负责人 （签章）	王刚
制造费用	办公费	200.00		
现金付讫			审查意见	同意报销
			报销人	黄敏

报销金额合计 ￥200.00		
大写金额 贰佰元整		
借款数：	应退数：	应补金额：￥200.00
列支渠道	购买办公用品	

审核：张会　　　　　　　　　　　　　　出纳：郭娜

表2-4-30

全国统一发票监制
国家税务局监制

011001900404

No 64707365

校验码 07133 89935 71425 31983

开票日期：2020年7月15日

购买方	名　　称：北京市东方工厂 纳税人识别号：110138646483405 地址、电话：北京市新华路 70 号 6588231 开户行及账号：中国建设银行西大街支行 　　　　　　160101040017608	密码区	6<3-8/≠33>80+8+77>5+≠ -168≠?+78? 33<8-79834≠ 110013215520>84>315- 2*0*8-843<2 12285079?46+*56>>2*++ 524+>>*5079?46+*56>>2*++52++524+

货物或应税劳务、服务名称	规格型号	单位	数量	单价	金额	税率	税额
钢笔		支	10	17.699	176.99	13%	23.01
合　计					￥176.99		￥23.01

价税合计（大写）	贰佰元整	（小写）￥200.00

销售方	名　　称：北京市友谊商场 纳税人识别号：9111000075691176658 地址、电话：北京市朝阳区朝阳大街 10 号 　　　　　　010-52163698 开户行及账号：中国建设银行北京朝阳支行 　　　　　　11001012500033013213	备注	北京市友谊商场 9111000075691176658 发票专用章

收款人：王 明　　复核：张 丽　　开票人：刘 芳　　销货方：（章）

第三联　发票联　销货方记账凭证

（4）20日,仓库发出乙材料(见表2-4-31、表2-4-32)。

表2-4-31

领 料 单

领料部门:车间　　　　　　　　　　　2020年7月20日　　　　　　　　　　　№　054

材　料		单　位	数　量		单位成本	金　额	过账
名　称	规　格		请　领	实　发			
乙材料		千克	1 200	1 200	30.00	36 000.00	
工作单号		用途	一般耗用				
工作项目							

会计:　　　　　　记账:　　　　　　发料:孙 凤　　　　　　领料:张 山

表2-4-32

领 料 单

领料部门:厂部　　　　　　　　　　　2020年7月20日　　　　　　　　　　　№　055

材　料		单　位	数　量		单位成本	金　额	过　账
名　称	规　格		请　领	实　发			
乙材料		千克	800	800	30.00	24 000.00	
工作单号		用途	一般耗用				
工作项目							

会计:　　　　　　记账:　　　　　　发料:孙 凤　　　　　　领料:张 山

（5）26日，车间和厂部报销电话费（见表2-4-33、表2-4-34、表2-4-35、表2-4-36）。

表2-4-33

费用报销单

报销日期 2020年7月26日

No 2013168

附件1张

费用项目	类　别	金　额	单位负责人	王　刚
管理费用	通讯费	600.00	（签章）	
现金付讫			审查意见	同意报销
			报销人	李　明

报销金额合计 ￥600.00

大写金额 陆佰元整

借款数：	应退数：	应补金额：￥600.00
列支渠道	购买电话充值卡	

审核：张　会　　　　　　　　　　　　　　　　　　　　　出纳：郭　娜

表2-4-34

北京增值税普通发票

011001900404

校验码 07133 89935 71425 31983

No 6470736

开票日期：2020年7月26日

购买方	名　　　称：北京市东方工厂 纳税人识别号：110138646483405 地址、电话：北京市新华路70号 6588231 开户行及账号：中国建设银行西大街支行 　　　　　　160101040017608	密码区	6<3-8/≠33>80+8+77>5+≠ −168≠?+78? 33<8-79834≠ 110013215520>84>315- 2*0*8-843<2 12285079?46+*56>>2*++ 524+>>*5

货物或应税劳务、服务名称	规格型号	单位	数量	单价	金额	税率	税　额
*电信服务*通信服务费					600.00	*	*
合　计					￥600.00		￥*

价税合计（大写）	陆佰元整	（小写）￥600.00

销售方	名　　　称：中国移动通信集团北京有限公司 纳税人识别号：91110000756911 83256 地址、电话：北京市东城区东直门大街6号 　　　　　　010-52163698 开户行及账号：中国建设银行北京东城支行 　　　　　　11001012500033013213	备注	

收款人：北京移动　　　复核：北京移动　　　开票人：李丽　　　销货方：（章）

第三联　发票联　销货方记账凭证

表2-4-35

费 用 报 销 单

报销日期 2020年7月26日

No 2013169

附件1张

费用项目	类　别	金　额	单位负责人 （签章）	王　刚
制造费用	通讯费	300.00		
	现金付讫		审查意见	同意报销
			报销人	张　华

报销金额合计 ￥300.00			
大写金额 叁佰元整			
借款数：	应退数：	应补金额：￥300.00	
列支渠道	购买电话充值卡		

审核：张　会　　　　　　　　　　　　　　　　　出纳：郭　娜

表2-4-36

北京增值税普通发票

（全国统一发票监制 国家税务局监制）

011001900404

校验码 07133 89935 71425 31983

No 6470736

开票日期：2020年7月26日

购买方	名　称：北京市东方工厂 纳税人识别号：110138646483405 地址、电话：北京市新华路70号 6588231 开户行及账号：中国建设银行西大街支行 　　　　　　　160101040017608	密码区	6<3-8/≠33>80+8+77>5+≠ -168≠?+78? 33<8-79834≠ 110013215520>84>315- 2*0*8-843<2 12285079?46+*56>>2*++ 524+>>*5

货物或应税劳务、服务名称	规格型号	单位	数量	单价	金额	税率	税额
*电信服务*通信服务费					300.00	*	*
合　计					￥300.00		￥*

价税合计（大写）	叁佰元整	（小写）￥300.00

销售方	名　称：中国移动通信集团北京有限公司 纳税人识别号：9111000075691183256 地址、电话：北京市东城区东直门大街6号 　　　　　　　010-52163698 开户行及账号：中国建设银行北京东城支行 　　　　　　　11001012500033013213	备注	中国移动通信集团北京有限公司 9111000075691183256 发票专用章

收款人：北京移动　　复核：北京移动　　开票人：李　丽　　　　销货方：（章）

第三联 发票联 销货方记账凭证

（6）31日,计提本月固定资产折旧(见表2-4-37)。

表2-4-37

固定资产折旧计算表

2020年7月31日   No 201307

使用部门	固定资产类别	月初应计提折旧的固定资产原价	月折旧率	本月应提折旧额
车间	生产设备	400 000	0.7%	2 800
厂部	房屋、运输工具	300 000	0.35%	1 050
合计		700 000		3 850

（7）31日,分配本月份车间管理人员及厂部人员工资(见表2-4-38)。

表2-4-38

工资费用分配表

2020年7月31日   No 201308

应借账户		直接计入	分配计入			合计
			生产工时	分配率	分配金额	
制造费用	车间	1 200				1 200
管理费用	厂部	2 600				2 600
合计		3 800				3 800

（8）31日,按生产工时(A产品生产工时7 000小时、B产品生产工时3 000小时)的比例分配结转本月制造费用(见表2-4-39)。

表2-4-39

制造费用分配表

单位名称:北京市东方工厂   2020年7月31日   No 201310

分配对象	分配标准(生产工时)	分配率	分配金额
A产品	7 000		
B产品	3 000		
合计			

（9）31日,将本月发生的管理费用转入"本年利润"账户。

2.4.5 实训用材说明

（1）实训资料1需用收款凭证2张、付款凭证3张、转账凭证1张。
（2）实训资料2需用收款凭证3张、付款凭证7张。
（3）实训资料3需用通用记账凭证6张。
（4）实训资料4需用通用记账凭证9张。

任务5 审核记账凭证

2.5.1 实训目的

记账凭证的审核是保证账簿记录真实准确的重要环节。通过本次实训，使学生掌握记账凭证的审核内容，提高学生对实际经济业务的账务处理水平。

2.5.2 实训指导

1. 内容真实性审核

审核记账凭证是否附有原始凭证，记账凭证所记录的经济业务与所附原始凭证反映的内容是否相符。

注意：除结账和更正错误的记账凭证可以不附原始凭证外，其他记账凭证必须附有原始凭证。若一张原始凭证涉及几张记账凭证，可以把原始凭证附在一张主要的记账凭证后面，并在其他记账凭证上注明附有该原始凭证的记账凭证的编号或者附有原始凭证的复印件。

2. 项目齐全性审核

审核记账凭证上的日期、凭证编号、摘要、会计科目、金额、所附原始凭证张数及有关人员签章是否齐全。

3. 会计科目正确性审核

审核记账凭证的应借、应贷会计科目是否正确，账户对应关系是否清晰，所使用的会计科目及其核算内容是否符合会计制度的规定。

4. 金额正确性审核

审核记账凭证所记录的金额与原始凭证所记录的金额是否一致，计算是否正确。

5. 书写清晰性审核

审核记账凭证所记录的文字是否工整、数字是否清晰。

6. 错误记账凭证的处理

对发现未入账的记账凭证有错误,应重新编制;已入账的记账凭证有错误,应按规定的更正错账的方法进行更正。

2.5.3　实训要求

（1）对2.5.4实训资料中的凭证进行审核,并指出所存在的问题。

（2）对2.4所填制的记账凭证进行审核。

2.5.4　实训资料

保定绿色食品加工厂是专业生产各种天然保健食品和天然美容食品的厂家。其2009年3月20日主要发生以下几笔业务,会计人员填制的记账凭证及所附的原始凭证如下:

（1）偿还2月28号的购货款。填制转账支票和付款凭证分别如表2-5-1,表2-5-2所示。

表2-5-1

中国工商银行
转账支票存根　（冀）

$\frac{E}{0}\frac{K}{2}$ 08965135

附加信息
_____
_____
_____

出票日期　2020年3月20日

收款人:	河北保定兴农公司
金　额:	￥113 000.00
用　途:	偿还货款

单位主管 张 彤 会计 胡 萍

表2-5-2

付 款 凭 证

贷方科目:银行存款 　　　　　　　2020年3月20日 　　　　　　　银付字第180号

摘　要	借方科目		金　额									记账
	总账科目	明细科目	百	十	万	千	百	十	元	角	分	
偿还货款	应收账款	保定兴农公司		1	1	3	0	0	0	0	0	
合计金额			¥	1	1	3	0	0	0	0	0	

会计主管: 　　记账:王　强　　出纳:张　松　　审核: 　　　　制单:刘　芳

附件1张

　　(2)出纳员将当天的销售款85 600元现金存入银行。(其中面额100元的700张,面额50元的300张,面额10元的60张)。(填制银行现金交款单和收款凭证分别如表2-5-3和表2-5-4所示)

表2-5-3

中国工商银行现金交款单

币种:人民币 　　　　　　　　2020年3月20日 　　　　　　　编号:123

交款单位	保定绿色食品加工厂		收款单位		保定绿色食品加工厂									
款项来源	多余现金	账号	55564		开户银行		工商行红旗路分理处							
大写金额	捌万伍仟陆佰元整				亿	千	百	十	万	千	百	十	元	角	分
								¥	8	5	6	0	0	0	0
券别	壹佰元	伍拾元	贰拾元	壹拾元	伍元	贰元	合计金额	银行盖章						
整把券	7	3					¥85 000.00	工商银行保定分行红旗路分理处 2020.03.20 转讫						
零张券				60			¥600.00							

第一联　由银行盖章后退回单位

表2-5-4

收 款 凭 证

借方科目：银行存款　　　　　　　　2020年3月20日　　　　　　　　银付字第167号

摘　要	贷方科目		金　额								记账
	总账科目	明细科目	十	万	千	百	十	元	角	分	
现金存入银行	库存现金			8	5	6	0	0	0	0	
	合计金额		¥	8	5	6	0	0	0	0	

会计主管：　　　记账：王 强　　　出纳：张 松　　　审核：　　　制单：刘 芳

附件1张

（3）购买农产品，货款暂欠，材料已验收入库。收到对方开具的增值税专用发票如表2-5-5、2-5-6所示，并填制入库单（表2-5-7）和转账凭证（表2-5-8）。

表2-5-5

河北增值税专用发票

（国家统一发票监制 发票联 国发票制）

1500065432　　　　　　　　　　　　　　No 03488334

开票日期：2020年3月20日

购买方	名　　称：保定绿色食品加工厂 纳税人识别号：130604453612588 地址、电话：保定市红旗路18号 7456288 开户行及账号：工商行红旗路分理处 　　　　　　　1234325678455564	密码区	+*09/65 >23 <90678 –8 <5 >+–>**2 <-3 + * –>13 >67129 >+0006543223 >45164/++ 654* >11234 –5 +/<2* >>0 <<19*200 >> 41034883345>23<90678–8<5>+–>**2<- 3+*–
货物或应税劳务、服务名称	规格型号	单位	数量	单价	金额	税率	税额

货物或应税劳务、服务名称	规格型号	单位	数量	单价	金额	税率	税额
西红柿		公斤	4 000	5.00	20 000.00	9%	1 800.00
合　计					¥20 000.00		¥1 800.00

价税合计（大写）	贰万壹仟捌佰元整	（小写）¥21 800.00	
销售方	名　　称：保定新世纪农场 纳税人识别号：130601231245789 地址、电话：保定市天谭路59号 3455666 开户行及账号：工商行天谭路分理处 　　　　　　　1234597123546781	备注	（保定新世纪农场 130601231245789 发票专用章）

收款人：常 静　　　复核：　　　开票人：胡 涂　　　销货单位：（章）

第一联 发票联 购货方记账凭证

表2-5-6

河北增值税专用发票

（抵扣联）

1500065432

No 03488334

开票日期：2020年3月20日

购买方	名　　　称：保定绿色食品加工厂 纳税人识别号：130604453612588 地址、电话：保定市红旗路18号 7456288 开户行及账号：工商行红旗路分理处 　　　　　　　1234325678455564	密码区	+*09/65 >23 <90678 –8 <5 >+–>**2 <–3 + * –>13 >67129 >+0006543223 >45164/++ 654* >11234 –5 +/<2* >>0 <<19*200 >> 41034883345>23<90678–8<5>+–>**2<– 3+*–

货物或应税劳务、服务名称	规格型号	单位	数量	单价	金额	税率	税额
西红柿		公斤	4 000	5.00	20 000.00	9%	1 800.00
合　计					￥20 000.00		￥1 800.00

价税合计（大写）	贰万壹仟捌佰元整	（小写）￥21 800.00

销售方	名　　　称：保定新世纪农场 纳税人识别号：130601231245789 地址、电话：保定市天谭路59号 3455666 开户行及账号：工商行天谭路分理处 　　　　　　　1234597123546781	备注	保定新世纪农场 130601231245789 发票专用章

收款人：常静　　　复核：　　　开票人：胡涂　　　销货单位：（章）

第二联　抵扣联　购货方抵扣税款凭证

表2-5-7

入　库　单

单位：　　　　　　　　　　2020年7月30日

品　名	单　位	单　价	数　量	金　额	备　注
西红柿	公斤	5.00	4 000	20 000.00	
合　计				￥20 000.00	

记账：王强　　　主管：汪成　　　收料：梁彬　　　交库：高纯

表2-5-8

转 账 凭 证

2020年3月20日　　　　　　　　　　　　　　　　　转字第188号

摘要	科目名称		借方金额								货方金额								记账
	总账科目	明细科目	十万	千	百	十	元	角	分	十	万	千	百	十	元	角	分	
购入	原材料	西红柿	2	0	0	0	0	0	0									
材料	应交税费	应交增值税(进)	1	8	0	0	0	0										
		材料采购								2	1	8	0	0	0	0	0	
	合计金额		¥	2	1	8	0	0	0	0	¥	2	1	8	0	0	0	0

附件2张

会计主管：　　　记账：王 强　　　出纳：　　　　审核：　　　制单：刘 芳

　　（4）向保定造福百姓超市销售番茄酱一批,开出的增值税专用发票(表2-5-9)上注明价款500 000元,税款65 000元,货款已存入银行,当日填写银行进账单(表2-5-10),并填制收款凭证(表2-5-11)。

表2-5-9

河北增值税专用发票

记账联

1300053140　　　　　　　　　　　　　No　03488334

开票日期：2020年3月20日

购买方	名　　　称：保定造福百姓超市 纳税人识别号：130605553612599 地址、电话：平安大道888号　8889966 开户行及账号：工商行平安分理处 　　　　　　　444786-125824564	密码区	+*31/27 >14 <19475 –5 <6 >加密版本： 01 +–>**8 <–9 +* –>67 >15666 30005314004>19393/++522*>99882–5+/ <2*>>0<<19*200>>

货物或应税劳务、服务名称	规格型号	单位	数量	单价	金额	税率	税额
番茄酱		罐	25 000	20.00	500 000.00	13%	65 000
合　计					¥500 000.00		¥65 000

价税合计(大写)	伍拾陆万伍仟元整		(小写) ¥565 000

销售方	名　　　称：保定绿色食品加工厂 纳税人识别号：130604453612588 地址、电话：保定市红旗路18号　7456288 开户行及账号：工商行红旗路分理处 　　　　　　　1234325678455564	备注	

收款人：常 静　　　复核：　　　开票人：胡 敏　　　销货单位：(章)

第三联　记账联　销货方记账凭证

表2-5-10

中国工商银行进账单（收账通知）3

2020年3月20日

<table>
<tr><td rowspan="3">付款人</td><td>全　称</td><td>保定造福百姓超市</td><td rowspan="3">收款人</td><td>全　称</td><td colspan="9">保定绿色食品加工厂</td></tr>
<tr><td>账　号</td><td>444786-125824564</td><td>账　号</td><td colspan="9">1234325678455564</td></tr>
<tr><td>开户银行</td><td>工商行平安分理处</td><td>开户银行</td><td colspan="9">工商行红旗路分理处</td></tr>
<tr><td colspan="3" rowspan="2">人民币（大写）伍拾陆万伍仟元整</td><td></td><td>千</td><td>百</td><td>十</td><td>万</td><td>千</td><td>百</td><td>十</td><td>元</td><td>角</td><td>分</td></tr>
<tr><td></td><td>￥</td><td>5</td><td>6</td><td>5</td><td>0</td><td>0</td><td>0</td><td>0</td><td>0</td></tr>
<tr><td>票据种类</td><td colspan="2">转账支票</td><td colspan="11" rowspan="3">工商银行保定分理处
红旗路分理处
2020.03.20
转讫
收款人开户银行盖章</td></tr>
<tr><td>票据张敏</td><td colspan="2">1</td></tr>
<tr><td colspan="3">单位主管　　会计　　复核　　记账</td></tr>
</table>

表2-5-11

收 款 凭 证

借方科目：银行存款　　　　2020年3月20日　　　　银付字第167号

<table>
<tr><td rowspan="2">摘　要</td><td colspan="2">贷方科目</td><td colspan="8">金　额</td><td rowspan="2">记账</td></tr>
<tr><td>总账科目</td><td>明细科目</td><td>百</td><td>十</td><td>万</td><td>千</td><td>百</td><td>十</td><td>元</td><td>角</td><td>分</td></tr>
<tr><td>番茄酱</td><td>主营业务收入</td><td></td><td></td><td></td><td>5</td><td>0</td><td>0</td><td>0</td><td>0</td><td>0</td><td>0</td></tr>
<tr><td>销售收入</td><td>应交税费</td><td>增值税（销）</td><td></td><td></td><td>6</td><td>5</td><td>0</td><td>0</td><td>0</td><td>0</td></tr>
<tr><td colspan="3">合计金额</td><td></td><td>￥</td><td>5</td><td>6</td><td>5</td><td>0</td><td>0</td><td>0</td><td>0</td></tr>
</table>

会计主管：　　记账：王强　　出纳：张松　　审核：　　制单：刘芳

附件2张

（5）销售科长史泽天开会回来报销差旅费3 650元，退回现金350元，由出纳开出收据一张（表2-5-12），并分别填制收款凭证（表2-5-13）和转账凭证（表2-5-14）。

表2-5-12

统一收款收据

2020年3月20日

<table>
<tr><td>交款单位或交款人</td><td>销售科史泽天</td><td>收款方式</td><td colspan="2">现　金</td></tr>
<tr><td colspan="3">事由　报销差旅费，交回多余现金。</td><td rowspan="2">备注：</td></tr>
<tr><td colspan="2">金额（人民币大写）　叁佰伍拾元整</td><td>￥350.00</td></tr>
</table>

收款人：张松　　　　　　　　　　　　　　　收款单位（章）

表2-5-13

收 款 凭 证

借方科目：库存现金　　　　　　　　2020年3月20日　　　　　　　　银收字第167号

摘　要	贷方科目		金　　额									记账
	总账科目	明细科目	百	十	万	千	百	十	元	角	分	
报销差旅费	其他应收款						3	5	0	0	0	
合计金额						￥	3	5	0	0	0	

附件1张

会计主管：　　　　记账：王　强　　　出纳：张　松　　　审核：　　　　制单：刘　芳

表2-5-14

转 账 凭 证

2020年3月20日

摘　要	科目名称		借方金额								贷款金额									记账
	总账科目	明细科目	十	百	千	百	十	元	角	分	十	万	千	百	十	元	角	分	
报销	销售费用	差旅费		3	6	5	0	0	0										
差旅费	其他应收款	史泽天										3	6	5	0	0	0		
合计金额				3	6	5	0	0	0			3	6	5	0	0	0		

附件1张

会计主管：　　　　记账：王　强　　　出纳：　　　审核：　　　　制单：刘　芳

任务6　登记现金日记账、银行存款日记账

2.6.1　实训目的

通过实训，使学生掌握三栏式现金日记账、银行存款日记账的格式和登记方法。

2.6.2　实训指导

1. 账簿的登记规则

（1）应根据审核无误的记账凭证登记账簿，登记完毕后，要在记账凭证上签名或者盖章，并注明已经登账的符号，以免发生重记或漏记。

（2）账簿中书写的文字和数字上面要留有适当空格，不要写满格，一般应占格距的1/2，并且数字与底线成60度的倾斜。

（3）登记账簿要用蓝黑墨水或者碳素墨水书写，不得使用圆珠笔（银行的复写账簿除外）或者铅笔书写。

（4）下列情况，可以用红色墨水记账：①按照红字冲账的记账凭证，冲销错误记录；②在不设借贷等栏的多栏式账页中，登记减少数；③在三栏式账户的余额栏前，如未印明余额方向的，在余额栏内登记负数余额。

（5）各种账簿按页次顺序连续登记，不得跳行、隔页。如果发生跳行、隔页，应从空行或空页右上角至左下角划红线注销，并加盖"此行作废"、"此页作废"的戳记，并由记账人员签名或者盖章。

（6）每一账页登记完毕结转下页时，应当结出本页合计数及余额，写在本页最后一行和下页第一行有关栏内，并在摘要栏内注明"过次页"和"承前页"字样。结出余额后，应在"借或贷"栏内写明"借"或者"贷"等字样。没有余额的账户，应当在"借或贷"栏内写"平"字，并在余额栏内用"0"表示。一般对于没有余额的账户，在余额栏内标注的"0"应当放在"元"位。

（7）如发生账簿记录错误，不得刮、擦、挖补或用退色药水更改字迹，而应采用规定的方法更正。

2. 库存现金、银行存款日记账的登记方法

（1）库存现金日记账和银行存款日记账必须采用订本式账簿，其账页格式一般采用三栏式，即设有"借方（或收入）"、"贷方（或支出）"、"余额（或结余）"三栏式结构的账页。

（2）启用订本式账簿，应当从第一页到最后一页顺序编定页数，不得跳页、缺号。在开设日记账时，账页的第一行日期栏登记账簿启用日期，摘要栏内注明"期初余额"或"上年结转"字样，并在余额栏内登记相应的余额数。

（3）库存现金日记账、银行存款日记账由出纳人员根据审核无误的收、付款凭证，按经济业务发生的时间顺序，逐日逐笔顺序登记。

（4）库存现金日记账需每日结账。每日终了，应分别计算当日现金收入、支出合计数和余额，并与实际库存现金进行核对；银行存款日记账每日也应计算收入及付出的合计数及当日余额，并定期同银行送来的对账单逐笔进行核对，保证账实相符。

（5）日记账每日结账方法

① 一笔一结，即每登记一笔业务直接计算出余额，每日最后一笔业务下划通栏单红线，与下日业务相区分。

② 一日一结，每登记一笔业务不计算余额，每日业务结束后，计算当日现金收入、支出合计数和余额，摘要栏写"本日合计"，并在下面划通栏单红线。

（6）库存现金、银行存款日记账每月结账时，要在最后一笔经济业务记录下面划通栏单红线，结出本月发生额和余额，在摘要栏内注明"本月合计"字样，在下面划通栏单红线。期末，"库存现金"日记账余额应与"库存现金"总账的余额核对相符，"银行存款"日记账余额与"银行存款"总账的余额核对相符。

2.6.3　实训要求

（1）根据2.6.4实训资料1的业务编写会计分录，登记库存现金日记账、银行存款日记账。

（2）根据2.4.4中实训资料2所填的记账凭证登记库存现金日记账、银行存款日记账。

2.6.4　实训资料

实训资料1

虚拟会计主体情况如下:

企业名称:晨光机械厂(增值税一般纳税人)

地址:北京市红阳路56号　　　电话:85665432

税务登记号:110228636820570

开户银行:中国建设银行北京市红阳路支行　　账号:160201040015678

企业法人代表:李国强

会计主管:张敏

会计:王新

出纳:郑华

2020年1月单位的日记账余额如下:

截止2020年1月31日,晨光机械厂的库存现金日记账借方发生额合计为86 500元,贷方发生额合计为83 000元,当日借方余额为3 500元,截止2020年1月31日,晨光机械厂的银行存款日记账借方发生额合计为660 000元,贷方发生额合计为615 000元,当日借方余额为45 000元。

晨光机械厂2020年2月份发生下列现金和银行存款收付业务。

(1)2日,采购员李立预借差旅费150元,以现金付讫。

(2)2日,开出现金支票2 000元,从银行提取现金。

(3)2日,厂部职工王平报销差旅费115元,原预借差旅费130元,余款退回现金。

(4)2日,厂部职工张清报销市内交通费30元,以现金付讫。

(5)2日,职工王晶交来现金100元,偿还上月欠交的赔偿款。

(6)3日,开出转账支票1 000元,支付上月的应交税费。

(7)3日,开出转账支票500元,支付加工车间修理费。

(8)3日,购买原材料,增值税专用发票上注明价款10 000元,增值税1 700元,材料已验收入库,开出转账支票付讫。

(9)3日,向银行借入短期款项15 000元,存入银行。

(10)6日,开出转账支票11 700元偿还前欠大华工厂的货款。

(11)7日,接到银行收账通知,长青工厂前欠货款9000元收回存入银行。

(12)9日,接银行通知,国家追加投入资金10 000元已收到存入银行。

(13)9日,开出现金支票12 000元,从银行提取现金以备发工资。

(14)9日,用现金发放本月工资12 000元。

(15)14日,接银行通知,支付厂部本月电费4 000元。

(16)14日,接银行通知,支付车间本月水费1 100元。

(17)16日,厂部采购员李立报销差旅费170元,不足部分以现金补付。

（18）16日，将现金200元存入银行。

（19）20日，购买原材料，增值税专用发票上注明价款2 000元，增值税340元，材料已验收入库，开出转账支票付讫。

（20）25日，出售产品一批，价款50 000元，增值税8 500元，款项已收存银行。

（21）28日，开出转账支票5 000元，偿付前欠长安公司的欠款。

实训资料2

见2.4.4中实训资料2。

2.6.5　实训用材说明

（1）实训资料1需用三栏式库存现金日记账1页、银行存款日记账1页。

（2）实训资料2需用三栏式库存现金日记账1页、银行存款日记账1页。

任务7　登记明细账

2.7.1　实训目的

通过实训，使学生掌握明细账的格式和登记方法。

2.7.2　实训指导

明细分类账是根据二级账户或明细账户开设账页，分类、连续地登记经济业务以提供明细核算资料的账簿，是总分类账的明细记录。它对总分类账起补充说明的作用，所提供的资料也是编制财务报表的重要依据。

根据财产物资管理上的要求和各种明细分类账记录的经济内容，明细分类账的格式主要有三栏式明细账、数量金额式明细账和多栏式明细账三种。

1. 三栏式明细账

三栏式明细账的格式与总分类账相同，就是在账页中设有"借方""贷方"和"余额"三个金额栏。这种账页格式适用于需要进行金额核算而不需要进行数量核算的所有者权益、债权、债务等科目的明细核算，如"应收账款""应付账款""其他应收款""其他应付款""短期借款""长期借款""实收资本"等科目的明细分类核算。

三栏式明细账是根据记账凭证和有关原始凭证逐笔进行登记。各项应收应付款明细账，每次记账后，都要随时结出余额，每月最后一笔余额即为月末余额。结账时，在最后一笔记录下面划一条通栏的单红线，和下月发生额相区别。

2. 数量金额式明细账

数量金额式明细账的格式是在"借方（收入）""贷方（发出）"和"余额（结存）"三栏下又分别设置"数量""单价""金额"三小栏。这种账页格式适用于既要进行金额核算又要进行实物数量核算的"原材料""库存商品"等存货账户。

登记时，首先要将明细科目名称、类别、规格以及计算单位等填入对应项目内，经济业务发生后，应根据原材料或库存商品等收发凭证逐笔登记，然后按选定的核算方法计算出结余的数量、单价和金额。

3. 多栏式明细账

多栏式明细账将属于同一个总分类账户的明细账户合并在一张账页上进行登记，即在这种格式账页的"借方"或"贷方"金额栏内按照明细项目设若干专栏，用以登记某一账户增减变动详细情况。由于这种明细账栏次较多，为避免账页过长，通常只在借方或贷方一方设多项栏次，另一方记录采用红字登记法。多栏式明细账按其适用的经济内容和登记方法的不同分为以下两种。

（1）用于记录成本费用类账户的明细账

这类账户在会计期间内发生的经济业务主要都登记在借方，因此这类账户按借方设多栏，反映各明细科目或明细项目本月借方发生额，如发生冲减事项则用红字在借方登记。月末，将借方发生额合计数从贷方一笔转出，记入有关账户。

（2）用于记录收入类账户的明细账

这类账户在会计期间内发生的经济业务主要登记在贷方，因此这类账户按贷方设多栏，反映各明细科目或明细项目本月贷方发生额，如发生冲减有关收入的事项用红字在贷方登记。月末，将贷方发生额合计数从借方一笔转出，记入有关账户。

2.7.3 实训要求

（1）根据2.4.4实训资料3所填的记账凭证登记原材料明细账。
（2）根据2.4.4实训资料4所填写的记账凭证登记制造费用、管理费用明细账。

2.7.4 实训资料

见2.4.4实训资料。

2.7.5 实训用材说明

本实训需用数量金额式明细账页1页、多栏式明细账页2页。

任务8 总分类账、明细分类账平行登记及核对

2.8.1 实训目的

（1）通过实训掌握总分类账与明细分类账的平行登记，明确总分类账与明细分类账之间的关系。

（2）学会总分类账与明细分类账的核对、总分类账与总分类账的核对。

（3）了解设账、结账方法。

（4）练习会计凭证的整理装订。

2.8.2 实训指导

（1）总分类账与明细分类账平行登记是指经济业务发生后既要登记总账又要登记所属明细账，两者登记方向相同，金额相等。

（2）平行登记的步骤：

① 开设总分类账户和明细分类账户；

② 登记总分类账户和明细分类账户的期初余额；

③ 根据原始凭证的业务填制记账凭证；

④ 首先根据记账凭证顺序结合原始凭证逐笔登记有关明细分类账户，然后再登记总分类账户；

⑤ 结账：结算出总分类账户和明细分类账户本期发生额和期末余额；

⑥ 验算：平行登记后总账和明细账之间符合下列等量关系，据此检验平行登记的结果是否正确。

$$总账期初余额=所属明细账期初余额之和$$
$$总账期末余额=所属明细账期末余额之和$$
$$总账借方发生额=所属明细账借方发生额之和$$
$$总账贷方发生额=所属明细账贷方发生额之和$$

（3）通过试算平衡表，进行总分类账户与总分类账户的核对。

（4）凭证的整理：会计部门登记各种账簿后，应定期将各种凭证分类整理。即将各种记账凭证按记账凭证编号顺序，连同所附的原始凭证归类整理，加封面、封底，装订成册。封面上写明单位名称、年度、月份、凭证种类、起讫日期、起讫编号，加盖会计主管的图章或签字。

2.8.3 实训要求

（1）根据2.8.4的实训资料1作如下练习：

① 将给出的业务编会计分录；

② 开设T型账户见P₈₃并登记期初余额（见表2-8-1、表2-8-2）；

③ 根据分录登记所列出的T型账户（其他账户登记省略），结算出本期发生额及期末余额；

④ 将登记结果进行验算填制表2-8-3、表2-8-4。

2. 根据2.8.4实训资料2作如下练习：

① 根据表2-8-5开设总分类账户，根据表2-8-6、表2-8-7开设"原材料""应付账款"明细账户，并登记期初余额（见表2-8-5、表2-8-6、表2-8-7）；

② 根据实训资料2的原始凭证填制记账凭证；

③ 根据记账凭证登记"原材料""应付账款"明细账及所有总分类账；

④ 结算出各总分类账户和明细分类账户发生额、期末余额；

⑤ 填写总分类账户试算平衡表（表2-8-26），总账、明细账验算表（表2-8-27、表2-8-28），对登账结果进行核对验算；

⑥ 整理装订资料2的会计凭证。

2.8.4 实训资料

实训资料1

瑞丽公司2020年8月有关总分类账、明细分类账余额（见表2-8-1、表2-8-2）

表2-8-1 　　　　　　　　　　　原材料账户期初余额

材料名称	数量（千克）	单价	金额
甲材料	1 250	8.00	10 000.00
乙材料	8 200	7.50	61 500.00
丙材料	2 500	10.00	25 000.00
合计（原材料）	11 950		96 500.00

表2-8-2 　　　　　　　　　　　应付账款账户期初余额

应付单位名称	应付金额
A公司	19 000.00
B公司	16 500.00
合计（应付账款）	35 500.00

8月份发生下列业务（不考虑增值税）：

（1）购进材料已验收入库，货款共计25 000元，用银行存款支付，其中甲材料1 250千克，单价8.00元，共计10 000元；乙材料2 000千克，单价7.50元，共计15 000元。

（2）用银行存款归还欠A公司材料款19 000元。

（3）向A公司购进丙材料1 600千克，单价10.00元，共计16 000元，货款未付，材料已入库。

（4）仓库发出材料一批用于生产，其中甲材料1 800千克，单价8.00元，共计14 440元；乙材料8 400千克，单价7.50元，共计63 000元；丙材料1 750千克，单价10.00元，共计17 500元。

（5）用银行存款还欠B公司货款16 500元。

（6）购进材料一批已入库，共计59 500元，货款未付，其中向A公司购进甲材料1 500千克，单价8.00元，共计12 000元；丙材料1 000千克，单价10.00元，共计10 000元；向B公司购进乙材料5 000千克，单价7.50元，共计37 500元。

开设T型账户如下：

原材料

原材料——甲材料

原材料——乙材料

原材料——丙材料

应付账款

应收账款——A公司

应收账款——B公司

表2-8-3 "原材料"总账与明细账验算表

会计科目	期初余额		本期发生额		期末余额	
	借 方	贷 方	借 方	贷 方	借 方	贷 方
甲材料						
乙材料						
丙材料						
原材料						

表2-8-4 "应付账款"总账与明细账验算表

会计科目	期初余额		本期发生额		期末余额	
	借 方	贷 方	借 方	贷 方	借 方	贷 方
A公司						
B公司						
应付账款						

实训资料2

虚拟会计主体有关资料如下：

企业名称：定安市瑞丽服装公司（增值税一般纳税人）

地址：定安市朝阳路106号　　电话：8927856

开户银行：建设银行朝阳路分理处　　账号：6043569813267562

纳税人登记号：130603567893216

企业法人代表：陈晓刚

会计：赵明

出纳员：李红

会计主管：张山

2020年9月有关账户期初余额见表2-8-5、表2-8-6、表2-8-7。

表2-8-5 总分类账户期初余额表

账户名称	借方余额	账户名称	贷方余额
库存现金	3 500.00	短期借款	120 000.00
银行存款	130 000.00	应付账款	31 500.00
其他应收款	700.00	应交税费	33 500.00
原材料	93 993.00	实收资本	325 000.00
生产成本	66 807.00		
固定资产	215 000.00		
合　计	510 000.00		510 000.00

表2-8-6

"原材料"明细账期初余额

账户名称	数量(米)	单价	金额(借方)
甲材料	2 700	8.11	21 897.00
乙材料	9 600	7.51	72 096.00
合　计			93 993.00

表2-8-7

"应付账款"明细账期初余额

账户名称	金额(贷方)
华丰公司	18 000.00
新源公司	13 500.00
合　计	31 500.00

2020年9月定安市瑞丽服装公司有关业务的原始凭证如下(本部分购入业务增值税专用发票抵扣联略):

(1)联营单位投入机器,收到固定资产联营转移单,资产评估书各一份(见表2-8-8,表2-8-9)。

表2-8-8

固定资产联营转移单

投出单位:定安市华艺设备公司

接收单位:定安市瑞丽服装公司　　　　　2020年9月2日　　　　　№　096

转移原因		联营投资			评估价		30 000.00 元		
名称	型号	单位	数量	预计使用年限	已使用年限	原值	已提折旧	净值
传动设备		台	1	20	5	40 000.00	10 000.00	30 000.00
投出单位		华艺设备公司			接收单位		瑞丽服装公司		

表2-8-9

资产评估书

2020年9月2日

根据国家有关资产评估的规定,本着独立、公正、科学、客观的原则对贵公司接收华艺设备厂设备投资的价值进行评估。确认价 30 000.00 元。

评估员:王晓

中国注册会计师:张嘉锦

定安市诚信会计师事务所

2020 年 9 月 2 日

（2）用银行存款还借款，取得还贷款凭单（见表2-8-10）。

表2-8-10　　　　　　　　　　　**偿还贷款凭证（第一联）**

2020年9月3日　　　　　　　　　　No　2020102

借款单位名称	定安瑞丽服装公司	贷款账号	20200709	结算账号	6043569813267562

还款金额 人民币（大写）	壹万元整	千	百	十	万	千	百	十	元	角	分
				￥	1	0	0	0	0	0	0

贷款种类	短期贷款	借出日期	2020.3.3	原约定还款日期	2020.9.3

上列款项已由本单位 账户内偿还到期贷款此致		会计分录： 　　　　　记账员

（3）从银行借款，取得借款凭单（见表2-8-11）。

表2-8-11　　　　　　　　　　　**中国建设银行借款凭单**

2020年9月5日　　　　　　　　　　No　2020211

借款人	定安瑞丽服装公司		账号	6043569813267562

贷款金额	人民币（大写）伍仟元整	千	百	十	万	千	百	十	元	角	分
						￥	5	0	0	0	0	0

		期限	约定还款日期	2020年12月5日
用途	流动资金借款	半年	贷款利率	5%（年）	贷款合同号码	20200802

此联代收款人收账通知

（4）用现金预付职工李华差旅费，填写借款单一份（见表2-8-12）。

表2-8-12　　　　　　　　　　　**借　款　单**

2020年9月6日　　　　　　　　　　No　2020123

部　门	销售部	借款事由	参加订货会
借款金额	人民币（大写）伍佰元整		￥500.00
批准金额	人民币（大写）伍佰元整		￥500.00
领　导	刘　磊	财务主管	张　山	借款人	李　华

（5）购买汽车，取得增值税专用发票（见表2-8-14），开出转账支票（见表2-8-13）。

表2-8-13

中国建设银行　（冀）
转账支票存根

$\frac{E}{0}\frac{K}{2}$08965128

附加信息
_____
_____
_____

出票日期　2020 年 9 月 6 日

收款人：长城汽车制造厂	
金　额　¥17 550.00	
用　途：购买汽车	

单位主管 张 山　会计 赵 明

表2-8-14

1300063125

河北增值税专用发票
发票联

№　01564321
开票日期：2020年9月6日

购买方	名　　称：定安瑞丽服装公司 纳税人识别号：130603567893216 地址、电话：定安市朝阳路106号 8927856 开户行及账号：建设银行朝阳路分理处 　　　　　　6043569813267562				密码区	3+-〈2〉6927+296+/ ≠加密版本 01 376〈60037〈35〉〈2 ≠1300063125 5+〈2051+24+2618〈7 01564321 /3-15〉〉09/5/-1〉〉〉*2		
货物或应税劳务、服务名称	规格型号	单位	数量	单价	金额	税率	税额	
汽车	DC1021A	辆	1	15 000.00	15 000.00	13%	1 950.00	
合　计					¥15 000.00		¥1 950.00	
价税合计（大写）　壹万陆仟玖佰伍拾整					（小写）¥16 950.00			
销售方	名　　称：定安市长城汽车公司 纳税人识别号：130604637893793 地址、电话：定安市长城路156号 8962357 开户行及账号：5043569813267639				备注	定安市长城汽车公司 130604637893793 发票专用章		

收款人：刘 璐　　　复核：　　　　　开票人：李 玲　　　　销货单位：（章）

第一联　发票联　购货方记账凭证

（6）购入材料已入库，款未付，取得增值税专用发票（见表2-8-15），填制了材料入库单（见表2-8-16）。

表2-8-15

河北增值税专用发票

1300063213　　发票联　　No 01352076

开票日期：2020年9月8日

购买方	名　称：定安市瑞丽服装公司 纳税人识别号：130603567893216 地址、电话：定安市朝阳路106号 8927856 开户行及账号：建设银行朝阳路分理处 6043569813267562	密码区	6 +-〈2〉6〉927 +296 +/ * 加密版本 01446 〈600375〈35〉〈4/ * 1300063213 -2〈2051+24+ 2〈7+〉 01352076〈3-15〉〉09/5/-1〉〉〉+2〈600375 〈35〉〈4/*13000632132-2 〈2051+24+2 〈7+〉 01352076〈3-15〉〉09/5/-1〉〉〉1+24+2〈7+

货物或应税劳务、服务名称	规格型号	单位	数量	单价	金额	税率	税额
甲材料		米	800	8.50	6 800.00	13%	884.00
乙材料		米	2 000	7.80	15 600.00	13%	2 028.00
合　计					￥22 400.00		￥2 912.00

价税合计（大写）	贰万伍仟叁佰壹拾贰元整	（小写）￥25 312.00

销售方	名　称：定安市华丰公司 纳税人识别号：130602567896257 地址、电话：定安市光明路201号 2163543 开户行及账号：定安市工行光明路分理处 5362123567890123	备注	

收款人：白　然　　复核：　　开票人：王　锦　　销货单位：（章）

表2-8-16

材料入库单

供应单位：定安市华丰公司　　2020年9月8日

发票号：01352076　　字第052号

材料类别	材料名称	规格材质	计量单位	应收数量	实收数量	单价	金额 千	百	十	万	千	百	十	元	角	分
主要材料	甲材料		米	800	800	8.50					6	8	0	0	0	0
主要材料	乙材料		米	2 000	2 000	7.80			1	5	6	0	0	0	0	0
检验结果 检验员签章：				运杂费												
				合计					￥	2	2	4	0	0	0	0
备　注																

仓库　2号　　会计　　收料员黄晋　　制单：吴子晨

（7）偿还欠货款,开出转账支票(见表2-8-17)。

表2-8-17

中国建设银行 （冀）
转账支票存根
$\frac{E}{0}\frac{K}{2}$08665337

附加信息　＿＿＿＿＿＿＿＿

＿＿＿＿＿＿＿＿＿＿＿＿

＿＿＿＿＿＿＿＿＿＿＿＿

出票日期 2020 年 9 月 10 日

收款人	定安市华丰公司
金　额	￥18 000.00
用　途	还欠货款
单位主管 张 山	会计 赵 明

（8）购入材料已入库,款未付,取得增值税专用发票(见表2-8-18),填制了材料入库
单(见表2-8-19)。

表2-8-18

河北增值税专用发票 发票联
1300064330
№ 01351872
开票日期:2020年9月11日

购买方	名　　　称：定安市瑞丽服装公司 纳税人识别号：130603567893216 地址、电话：定安市朝阳路106号 8927856 开户行及账号：建设银行朝阳路分理处 6043569813267562	密码区	3+-〈2〉6〉927+296+/356〈600375〈35〉〈2/ * 13000643302-260037 〈2051+24+2618 〈7 01351872/3-15〉〉09/5/-1〉〉+21+24+ 2618〈7〉/3-15〉6003709/5/-1〉351872/3- 15〉〉

货物或应税劳务、服务名称	规格型号	单位	数量	单价	金额	税率	税额
甲材料		米	1 500	8.20	12 300.00	13%	1 599.00
合　计					￥12 300.00		￥1 599.00

价税合计(大写)	壹万叁仟捌佰玖拾玖元整	(小写)￥13 899.00

销售方	名　　　称：定安市华丰公司 纳税人识别号：130602567896257 地址、电话：定安市光明路201号 2163543 开户行及账号：定安市工行光明分理处 5362123567890123	备注	

收款人： 梦 洁　　复核：　　　　开票人： 香 茹　　　销货单位：(章)

第一联 发票联 购货方记账凭证

表2-8-19

材料入库单

供应单位:定安市华丰公司　　2020年9月11日

发票号:01351872　　字第053号

材料类别	材料名称	规格材质	计量单位	应收数量	实收数量	单价	金额								
							千	百	十	万	千	百	十	元	角	分
主要材料	甲材料		米	1 500	1 500	8.20				1	2	3	0	0	0	0
检验结果		检验员签章:		运杂费												
				合计				¥	1	2	3	0	0	0	0
备注																

仓库　2号　　会计　　收料员 黄　普　　　制单:吴子晨

第二联　记账联

（9）车间领用材料,填制领料单(见表2-8-20)

表2-8-20

领　料　单

领料部门:车间　　　2020年9月12日　　　№ 039

材料名称	规格	单位	请领	实发	单位成本	金额	过账
甲材料		米	2 500	2 500	8.20	20 500.00	
乙材料		米	8 500	8 500	7.56	64 260.00	
合计			11 000	11 000		84 760.00	
工作单号	1326	用途	生产产品				
工作项目							

会计:　　记账:　　发料:黄　普　　领料:唐　瑄

第二联　记账联

（10）还欠货款,开出转账支票(见表2-8-21)。

表2-8-21

中国建设银行 （冀）
转账支票存根

$\dfrac{E\ K}{0\ 2}$-08963419

附加信息 _____

_____

_____

_____

出票日期 2020 年 9 月 13 日

收款人：新源公司
金　额：￥12 000.00
用　途：还欠货款

单位主管 张 山　会计 赵　明

（11）购入材料已入库,款未付,取得增值税专用发票(见表2-8-22),填制了材料入库单(见表2-8-23)。

表2-8-22

河北增值税专用发票
发票联

1300065761

№　01363190
开票日期：2020年9月15日

购买方	名　　　称：定安市瑞丽服装公司 纳税人识别号：130603567893216 地址、电话：定安市朝阳路 106 号　8927856 开户行及账号：建设银行朝阳路分理处 6043569813267562	密码区	6+－〈2〉6〉927+296+/ *446 〈600375〈35〉 〈4/ * 13000657612－2/3－15 〈2051+24+ 2618 〈7 01363190/3 －15〉〉09/5/－1〉〉〉+ 22051+24+2618 〈7/3－15 01363190/3－ 15〉〉09/5/－1〉〉〉+2

货物或应税劳务、服务名称	规格型号	单位	数量	单价	金　额	税率	税　额
甲材料		米	2 000	8.20	16 400.00	13%	2 132.00
合　计					￥16 400.00		￥2 132.00

价税合计（大写）	壹万捌仟伍佰叁拾贰元	（小写）￥18 532.00

销售方	名　　　称：定安市华丰公司 纳税人识别号：130602567896257 地址、电话：定安市光明路 201 号　2163543 开户行及账号：定安市工行光明路分理处 5362123567890123	备注	定安市华丰公司 130602567896257 发票专用章

收款人：辛 妍　　　复核：　　　　开票人：岳 姗　　　销货单位：（章）

第一联　发票联　购货方记账凭证

表2-8-23

材料入库单

2020年9月15日

供应单位:定安市华丰公司

发票号:01363190

字第054号

材料类别	材料名称	规格材质	计量单位	应收数量	实收数量	单价	金 额									
							千	百	十	万	千	百	十	元	角	分
主要材料	甲材料		米	2 000	2 000	8.20			1	6	4	0	0	0	0
检验结果　　　　检验员签章:				运杂费											
				合计			￥	1	6	4	0	0	0	0
备　注															

仓库　2 号　　会计　　收料员 黄 晋　　　制单:吴子晨

第二联 记账联

（12）购入材料已入库,款未付,取得增值税专用发票(见表2-8-24),填制了材料入库单(见表2-8-25)。

表2-8-24

河北增值税专用发票

发票联

1300062835

№ 01361836

开票日期:2020年9月15日

购买方	名　　　称:　定安市瑞丽服装公司 纳税人识别号:130603567893216 地址、电话:　定安市朝阳路 106 号　8927856 开户行及账号:建设银行朝阳路分理处 　　　　　　　6043569813267562	密码区	3+-〈2〉6〉927+296+/＊加密版本 01 356〈600375〈35〉〈7/＊1300062835 2-2〈2051+24+2618〈7 01361836 　/3-15〉〉09/5/-1〉〉〉+22051+24+2618〈7 013618361〉〉〉+

货物或应税劳务、服务名称	规格型号	单位	数量	单价	金 额	税率	税 额
乙材料		米	5 500	7.56	41 580.00	13%	5 405.40
合　计					￥41 580.00		￥5 405.40

价税合计(大写)	肆万陆仟玖佰捌拾伍元肆角整	(小写)￥46 985.40

销售方	名　　　称:定安市新源公司 纳税人识别号:130603567895328 地址、电话:定安市东风路 326 号　5163579 开户行及账号:定安市工行东风路分理处 　　　　　　　5328123567858796	备注	

收款人:辛 妍　　　复核:　　　　开票人:岳 珊　　　销货单位:(章)

第一联 发票联 购货方记账凭证

表2-8-25

材料入库单

2020年9月15日

供应单位:定安市新源公司

发票号:01361836

字第056号

材料类别	材料名称	规格材质	计量单位	应收数量	实收数量	单价	金　额									
							千	百	十	万	千	百	十	元	角	分
主要材料	乙材料		米	5 500	5 500	7.56				4	1	5	8	0	0	0
检验结果　　检验员签章:				运杂费												
				合　计						￥	4	1	5	8	0	0	0
备　注																

第二联　记账联

仓库　　2 号　　会计　　收料员 黄　馨　　制单: 吴子晨

2.8.5　实训用材说明

记账凭证12张,总分类账页5张,三栏式明细账页1张,数量金额明细账页1张(数量金额明细账页可用2.7账页继续登记)。

试算平衡表见表2-8-26,总账、明细账验算表见表2-8-27,表2-8-28。

表2-8-26

总分类账户试算平衡表

会计科目	期初余额		本期发生额		期末余额	
	借　方	贷　方	借　方	贷　方	借　方	贷　方
库存现金						
银行存款						
其他应收款						
原材料						
生产成本						
固定资产						
短期借款						
应付账款						
应交税费						
实收资本						
合　　计						

表2-8-27　　　　　　　　　　**总账、明细账验算表**
"原材料"总账与明细账

会计科目	期初余额		本期发生额		期末余额	
	借　方	贷　方	借　方	贷　方	借　方	贷　方
甲材料						
乙材料						
原材料						

表2-8-28　　　　　　　　　　**"应付账款"总账与明细账**

会计科目	期初余额		本期发生额		期末余额	
	借　方	贷　方	借　方	贷　方	借　方	贷　方
华丰公司						
新源公司						
应付账款						

任务9　错账更正

2.9.1　实训目的

　　账簿记录发生错误,不得刮、擦、挖补或用褪色药水更改字迹,而应采用规定的方法更正。通过本次实训,使学生掌握错账的更正方法,并能根据不同情况选择正确的更正方法加以更正,以保证会计的核算质量。

2.9.2　实训指导

　　错账更正的方法一般包括划线更正法、红字更正法和补充登记法三种。

1. 划线更正法

适用范围:记账凭证正确但过账发生错误,月末未结账。
更正具体做法:
(1)将错误记录上正中划一条红线注销;
(2)在划线的上方用蓝、黑字记入正确的文字或数字;
(3)更正人员在更正处签字盖章。

注意：文字出错可以只更正个别错字，数字出错必须全部注销，不能只更正该数字中的个别错误数字。

2. 红字更正法

适用范围1：记账凭证中的科目错误或借贷方向错误，并已过账。

更正具体做法（全部冲销）：

① 填制一张与错误记账凭证内容完全相同的红字金额记账凭证并据以用红字入账，冲销原有错账。摘要栏内注明"注销×年×月×日×号凭证"。

② 用蓝字或黑字填制一张正确的记账凭证并据以入账。摘要栏内注明"更正×年×月×日×号凭证"。

适用范围2：记账凭证中的科目、方向都没有错误，只是金额大于应记金额并已过账。

更正具体做法（部分冲销）：

填制一张科目和方向与错误凭证相同，但金额是多记金额的红字凭证，并据以用红字入账，摘要栏内注明"注销×年×月×日×号凭证多记金额"。

3. 补充登记法

适用范围：记账凭证中的科目、方向都没有错误，只是金额小于应记金额并已过账。

更正具体做法：

填写一张科目和方向与错误凭证相同，但金额是少记金额的蓝字或黑字凭证并据以入账，摘要栏内注明"补充×年×月×日×号凭证少记金额"。

2.9.3　实训要求

（1）分别采用划线更正法、红字更正法和补充登记法更正错账；

（2）若涉及记账凭证有误的，对所有更正凭证应进行统一编号，可以不附附件，同时应注意"摘要"栏的书写；

（3）根据2.9.4实训资料1中的业务编更正分录，登T型账户；

（4）对2.9.4实训资料2中的凭证、账簿进行核对，编更正记账凭证，登记账户。

2.9.4　实训资料

实训资料1

某工业企业2020年2月将账簿记录与记账凭证（以下用会计分录代替）进行核对时发现下列经济业务内容的账簿记录有误：

（1）用银行存款800元，支付企业销售部门零星开支。

借：销售费用　800

　　贷：库存现金　800

（2）购入材料一批，货款20 000元未付，材料已验收入库。

借：原材料　　2 000

　　贷：应付账款　2 000

（3）结转本月实际完工产品的生产成本69 000元。

借：库存商品　69 000

　　贷：生产成本　69 000

（4）结算本月应付职工工资，其中生产工人工资10 000元，管理人员工资2 000元，销售人员工资3 000元。

借：生产成本　100 000

　　管理费用　20 000

　　销售费用　30 000

　　贷：应付职工薪酬　150 000

（5）将现金500元存入银行。

借：库存现金　　500

　　贷：银行存款　　500

根据以上分录，登记T型账户如下：

```
        销售费用                              库存现金
 ①800                          期初余额 1 000 | ①800
 ④30 000                       ⑤500          |
```

```
        银行存款
 期初余额 10 000 | ⑤800
```

原材料		应付账款	
②2 000			②2 000

库存商品		生产成本	
③96 000		④100 000	④96 000

管理费用		应付职工薪酬	
④20 000			④150 000

实训资料2

保定绿色食品加工厂2020年4月有四笔经济业务的原始凭证、记账凭证及账簿的登记情况如下所示：

（1）4月2日，销售部门职工于双剑赴广州参加商品展销会，经批准向财务部借款3 000元。（填制的借款单和付款凭证如表2-9-1、表2-9-2所示）

借 款 单

表2-9-1   2020年4月2日   编号201

部 门	销售部		借款事由	参加广州展销会借款
借款金额	金额(大写)人民币叁仟元整			￥3 000.00
批准金额	金额(大写)人民币叁仟元整			￥3 000.00
领 导	张语桐	财务主管	吴 强	借款人 于双剑

表2-9-2

付 款 凭 证

贷方科目:库存现金   2020年4月2日   付字第10号

摘 要	借方科目		金 额									记账
	总账科目	明细科目	百	十	万	千	百	十	元	角	分	
预借差旅费	其他应收款	于双剑				3	5	0	0	0	0	附件1张
合计金额					￥	3	5	0	0	0	0	

会计主管: 记账:王 强   出纳:张 松   审核: 制单:刘 芳

(2)4月10日,购买农产品,货款暂欠,材料已验收入库。收到对方开具的增值税专用发票如表2-9-3、表2-9-4所示,并填制入库单(表2-9-5)和转账凭证(表2-9-6)。

表2-9-3

河北增值税专用发票
发票联

1500065432

No 03488334

开票日期：2020年4月10日

购买方	名　　称：保定绿色食品加工厂 纳税人识别号：130604453612588 地址、电话：保定市红旗路18号 7456288 开户行及账号：工商行红旗路分理处 1234325678455564	密码区	+*09/65>23 <90678 −8 <5 >+−>**2 <−3 + *−>13>67129 1500065432441 03488334 23>45164/++654*>1123441 03488334 −5 +/<2* >>0 <<19*200 >>410348833441 03488334+654*>1123441 0348833441

货物或应税劳务、服务名称	规格型号	单位	数量	单价	金额	税率	税额
南瓜		公斤	4 000	5.00	20 000.00	9%	1 800.00
合　计					¥20 000.00		¥1 800.00

价税合计（大写）	贰万壹仟捌佰元整	（小写）¥21 800.00

销售方	名　　称：保定新世纪农场 纳税人识别号：130601231245789 地址、电话：保定市天谭路59号 3455666 开户行及账号：工商行天谭路分理处 1234597123546781	备注	保定新世纪农场 130601231245789 发票专用章

收款人：常　静　　复核：　　　开票人：胡　敏　　　销货单位：（章）

第一联 发票联 购货方记账凭证

表2-9-4

河北增值税专用发票
抵扣联

1500065432

No 03488334

开票日期：2020年4月10日

购买方	名　　称：保定绿色食品加工厂 纳税人识别号：130604453612588 地址、电话：保定市红旗路18号 7456288 开户行及账号：工商行红旗路分理处 1234325678455564	密码区	+*09/65>23<90678−8<5>5000654321 +−>**2<−3+*−>13>67129 1500065432 33423>45164/++654*>1123441 034883 34−5+/<2*>>0<<19*200>>4103488334 41 03488334+654*>1123441034883341

货物或应税劳务、服务名称	规格型号	单位	数量	单价	金额	税率	税额
南瓜		公斤	4 000	5.00	20 000.00	9%	1 800.00
合　计					¥20 000.00		¥1 800.00

价税合计（大写）	贰万壹仟捌佰元整	（小写）¥21 800.00

销售方	名　　称：保定新世纪农场 纳税人识别号：130601231245789 地址、电话：保定市天谭路59号 3455666 开户行及账号：工商行天谭路分理处 1234597123546781	备注	保定新世纪农场 130601231245789 发票专用章

收款人：常　静　　复核：　　　开票人：胡　敏　　　销货单位：（章）

第二联 抵扣联 购货方抵扣税款凭证

表2-9-5

入　库　单

单位：　　　　　　　　　　　　　　　2020年4月10日　　　　　　　　　　　　编号215

品　名	单　位	单　价	数　量	金　额	备　注
南瓜	公斤	5.00	4 000	20 000.00	
合计				￥20 000.00	

第二联　记账联

记账：王　强　　　　　主管：汪　成　　　　　收料：梁　彬　　　　　交库：高　纯

表2-9-6

转账凭证

2020年4月10日　　　　　　　　　　　　转字第34号

摘要	科目名称		借方金额								贷方金额								记账
	总账科目	明细科目	十	万	千	百	十	元	角	分	十	万	千	百	十	元	角	分	
购入	原材料	南瓜		2	0	0	0	0	0	0									
材料	应交税费	应交增值税（进项）			1	8	0	0	0	0									
	应付账款											2	1	8	0	0	0	0	
	合计金额		￥	2	1	8	0	0	0	0	￥	2	1	8	0	0	0	0	

附件2张

会计主管：　　　记账：王　强　　　出纳：　　　审核：　　　制单：刘　芳

（3）4月15日，从银行提取现金备用。（现金支票存根如表2-9-7所示，填制付款凭证如表2-9-8所示）

表2-9-7

中国工商银行　（冀）
现金支票存根

$\dfrac{E}{0}\dfrac{K}{2}$08965326

附加信息　＿＿＿＿＿＿＿

＿＿＿＿＿＿＿＿＿＿＿

＿＿＿＿＿＿＿＿＿＿＿

＿＿＿＿＿＿＿＿＿＿＿

出票日期　2020 年 4 月 15 日

收款人：保定绿色食品加工厂
金　额：￥8 000.00
用　途：备用

单位主管 张　彤　会计 胡　萍

表2-9-8　　　　　　　　　　**付款凭证**

贷方科目：银行存款　　　　　2020年4月15日　　　　　付字第55号

摘　要	借方科目		金　额									记账
	总账科目	明细科目	百	十	万	千	百	十	元	角	分	
提现金备用	库存现金					6	0	0	0	0	0	
合计金额					¥	6	0	0	0	0	0	

会计主管：　　记账：王　强　　出纳：张　松　　审核：　　　制单：刘　芳

附件1张

（4）4月20日，收到保定造福百姓超市的预付款。填制银行进账单和收款凭证分别如表2-9-9、表2-9-10所示。

表2-9-9　　　　**中国工商银行电汇凭证（收账通知）3**

2020年4月20日

付款人	全　称	保定造福百姓超市	收款人	全　称	保定绿色食品加工厂									
	账　号	444786-125824564		账　号	1234325678455564									
	开户银行	工商行红旗路分理处		开户银行	工商行红旗路分理处									
人民币（大写）伍万元整					千	百	十	万	千	百	十	元	角	分
							¥	5	0	0	0	0	0	0
票据种类		转账支票												
票据张数		1		工商银行保定分理处 红旗路分理处 2020.04.20 转讫										
注：预收销货款 单位主管　会计　复核　证账				收款人开户行盖章										

此联是收款人开户银行交给收款人的收款通知

表2-9-10　　　　　　　　　　　　**付款凭证**

贷方科目：银行存款　　　　　　　　2020年4月20日　　　　　　　　付字第65号

摘　要	借方科目		金　额								记账
	总账科目	明细科目	十	万	千	百	十	元	角	分	
预收销货款	预付账款		5	0	0	0	0	0	0	0	附件1张
合计金额			￥ 5	0	0	0	0	0	0	0	

会计主管：　　　记账：王　强　　　出纳：张　松　　　审核：刘　萍　　　制单：刘　芳

　　根据以上资料登记的库存现金、其他应收款、原材料、应交税费、应付账款、银行存款、预付账款总账分别如表2-9-11至2-9-17所示。

表2-9-11　　　　　　　　　　　　**总　账**

会计科目：库存现金

2020年		凭证		摘要	借　方								贷　方								借或贷	余　额							
月	日	字	号		十	万	千	百	十	元	角	分	十	万	千	百	十	元	角	分		十	万	千	百	十	元	角	分
4	1			承前页																	借			8	7	5	0	0	0
	2	付	10	预借差旅费											3	5	0	0	0	0	借			5	2	5	0	0	0
	2	付	55	提取备用金			6	0	0	0	0	0									借		1	1	2	5	0	0	0

表2-9-12

总　账

会计科目:其他应收款

2020年		凭证		摘要	借　方							贷　方							借或贷	余　额						
月	日	字	号		十万	千	百	十	元	角	分	十万	千	百	十	元	角	分		十万	千	百	十	元	角	分
4	1			期初余额															借		6	0	0	0	0	0
	2	付	10	预借差旅费		3	5	0	0	0	0								借		9	5	0	0	0	0

表2-9-13

总　账

会计科目:原材料

2020年		凭证		摘要	借　方							贷　方							借或贷	余　额						
月	日	字	号		十万	千	百	十	元	角	分	十万	千	百	十	元	角	分		十万	千	百	十	元	角	分
4	9			承前页															借	3	8	0	0	0	0	0
	9	转	25	车间领用材料								1	2	0	0	0	0	0	借	2	6	0	0	0	0	0
	10	转	34	购入原材料		2	0	0	0	0	0								借	2	8	0	0	0	0	0

表2-9-14

总　账

会计科目：应交税费

2020年 月	日	凭证 字	号	摘要	借方 十万	千	百	十	元	角	分	贷方 十万	千	百	十	元	角	分	借或贷	余额 十万	千	百	十	元	角	分
4	1			期初余额															借		5	1	0	0	0	0
	5	转	10	销售商品									3	4	0	0	0	0	借		8	5	0	0	0	0
	10	转	34	购入原材料		1	8	0	0	0									借		8	6	8	0	0	0

表2-9-15

总　账

会计科目：应付账款

2020年 月	日	凭证 字	号	摘要	借方 十万	千	百	十	元	角	分	贷方 十万	千	百	十	元	角	分	借或贷	余额 十万	千	百	十	元	角	分
4	10			承前页															贷	3	3	9	0	0	0	0
	10	转	34	购入原材料									2	1	8	0	0	0	贷	3	6	0	8	0	0	0

表2-9-16

总　账

会计科目:银行存款

2020年		凭证		摘要	借　方								贷　方								借或贷	余　额							
月	日	字	号		十万	万	千	百	十	元	角	分	十万	万	千	百	十	元	角	分		十万	万	千	百	十	元	角	分
4	14			承前页																	借		2	8	2	9	0	0	0	0
	15	收	20	收到销货款			4	6	8	0	0	0									借		3	2	9	7	0	0	0	0
	15	付	55	提取备用金												6	0	0	0	0	借		3	2	3	7	0	0	0	0
	20	付	65	预收销货款											5	0	0	0	0	0	借		2	7	3	7	0	0	0	0

表2-9-17

总　账

会计科目:预付账款

2020年		凭证		摘要	借　方								贷　方								借或贷	余　额							
月	日	字	号		十万	万	千	百	十	元	角	分	十万	万	千	百	十	元	角	分		十万	万	千	百	十	元	角	分
4	20	付	65	预收销货款			5	0	0	0	0	0									借			5	0	0	0	0	0

表2-9-18

总　账

会计科目：

2020年		凭证		摘要	借　方								贷　方								借或贷	余　额							
月	日	字	号		万	千	百	十	元	角	分	十	万	千	百	十	元	角	分		十	万	千	百	十	元	角	分

任务10　财产清查

2.10.1　实训目的

　　财产清查是通过对各项财产物资的实地盘点，以及对各种债权、债务的核查，将一定时点的实存数与账存数进行核对，借以查明账实是否相符的一种方法。通过本次实训，主要使学生掌握财产清查的方法及相应清查表的填制。

2.10.2　实训指导

　　财产清查的主要方法一般包括实地盘点法、核对账目、技术推算法等，对不同的清查对象应采取不同的清查方法。

1. 库存现金的清查

　　库存现金的清查主要采用实地盘点法，即通过清点票数确定库存现金的实存数，然后与现金日记账的账面余额相核对，以查明账存与实存是否相符及盈亏情况。

　　在现金清查过程中，要注意：

　　（1）在清查过程中，出纳人员必须到场；

　　（2）清查人员应认真审核现金收付凭证和有关账簿，检查账务处理是否合理合法、

账簿记录有无错误;

（3）清查时,除查明账实是否相符外,还要查明有无违反现金管理制度规定、有无以"白条"抵充现金、现金库存有否超过银行核定的限额、有无坐支现金等;

（4）现金清查结束后应填写"库存现金盘点报告表",并据以调整现金日记账的账面记录。此表具有双重性质,既是盘存单又是账存实存对比表,既是反映现金实存数调整账簿记录的重要原始凭证,也是分析账实产生差异原因,明确经济责任的依据。

2. 银行存款的清查

银行存款的清查,是通过与银行核对账目的方法进行。在同银行核对账目之前,应先检查本单位银行存款日记账的正确性和完整性,然后再将企业银行存款日记账与银行对账单逐笔进行核对。

通过核对,往往会发现双方账目不符,其原因之一是双方记账可能有错,比如错账漏账等,应及时告知对方,以进一步查明原因更正;二是存在未达账项。判断是记账差错还是未达账项,关键是双方必须账证、账账相符,然后从差异的具体金额分析。

所谓未达账项,是指企业与银行之间对于同一业务,由于取得凭证的时间不同,致使记账时间不一致而发生的一方已记账,而另一方尚未登记入账的款项。未达账项有以下四种情况:

（1）企业已收款入账,银行未收款入账;

（2）企业已付款入账,银行未付款入账;

（3）银行已收款入账,企业未收款入账;

（4）银行已付款入账,企业未付款入账。

对未达账项应编制"银行存款余额调节表"进行检查核对,若没有记账错误,调节后的余额应相等。调节的原则可以概括为"加上未收的,减去未付的",即双方的现有余额加:对方已收、本方未收的款项,减:对方已付、本方未付的款项。

注意:银行存款余额调节表不是原始凭证,只起对账作用,不能据以登记账簿。调节后的余额,是企业当时实际可动用的款项。

3. 往来款项的清查

往来款项的清查,一般采用与对方单位核对账目的方法。具体步骤为:

（1）将往来账款账证、账账核对清楚,确认总分类账与明细分类账余额相等、明细分类账与凭证相符;

（2）在保证外来账户记录完整正确的基础上,按每一个经济往来单位编制"往来款项对账单"一式两联,其中一联作为回单,对方单位核对后退回,另一联送交对方单位核对账目;

（3）对方单位核对相符,在回单上加盖公章退回,若有数字不符,对方单位应在对账单中注明情况退回本单位;

（4）收到回单后,应据此编制"往来款项清查表",注明核对相符与不符的款项,对不符的款项按有争议、未达账项、无法收回等情况归类合并,针对具体情况及时采取措施予以解决。

4. 实物的清查

实物的清查主要采用实地盘点法,适用于容易清点或计量的财产物资的清查,比如对原材料、包装物、库存商品、固定资产的清查;对于那些不能点数或不便于计算的财产物资可以采用技术推算法或抽样盘点法。

在实物清查过程中,应注意:

(1)清查过程中,财产物资的保管人必须到场;

(2)清查时,不仅要核对财产物资的数量,还要抽查其质量,同时还要查明财产物资的定额执行情况;

(3)根据实物的清查结果,应当填制盘存单;

(4)盘存单由盘点人员和保管人员共同签名盖章;

(5)为查明账存实存是否一致,应进一步填制"账存实存对比表"。

2.10.3 实训要求

(1)根据2.10.4实训资料1库存现金的盘点结果,与"库存现金日记账"(表2-10-1)核对,填制"库存现金盘点报告表"(表2-10-7)。

(2)根据2.10.4实训资料2中的银行存款日记账(表2-10-2)、银行对账单(表2-10-3)由教师指导学生查找未达账项,编制"银行存款余额调节表"(表2-10-8)。

(3)根据2.10.4实训资料3所给出的银行存款日记账(表2-10-4)、对账单(表2-10-5)账面记录,学生独立完成查找未达账项,编制"银行存款余额调节表"(表2-10-9)。

(4)根据2.10.4实训资料4实物清查结果,填制"盘存单"(表2-10-10),与原材料明细账(表2-10-6)比较填"账存实存对比表"(表2-10-11)。

2.10.4 实训资料

保定绿色食品加工厂2020年11月、12月份进行财产清查结果如下:

实训资料1

2020年11月30日,保定绿色食品加工厂库存现金账面余额如表2-10-1库存现金日记账所示,对库存现金的盘点结果为100元的35张、50元的30张、20元的8张、10元的15张、5元的16张、1元的8张。

表2-10-1

库存现金日记账

2020年		凭证		摘要	借　方							贷　方							余　额						
月	日	字	号		十万	万	千	百	十	元	角	分	十万	万	千	百	十	元	角	分	十万	万	千	百	十	元	角	分

2020年		凭证		摘要	借方								贷方								余额							
				承前页		7	6	9	8	9	0	0		6	0	6	8	8	0	0		2	0	6	8	8	0	0
11	25	付	58	提取现金			6	0	0	0	0	0										2	6	6	8	8	0	0
	25	付	59	付困难补助											5	0	0	0	0	0		2	1	6	8	8	0	0
	25	收	69	报销差旅费				7	0	0	0	0										2	2	3	8	8	0	0
	25	付	66	支付工资										2	0	0	0	0	0	0			2	3	8	8	0	0
	28	付	71	提取备用金			3	0	0	0	0	0											5	3	8	8	0	0
	30			本月合计		8	6	6	8	9	0	0		8	5	6	8	8	0	0			5	3	8	8	0	0

实训资料2

2020年11月1日～11月15日银行存款日记账（表2-10-2）和银行存款对账单（表2-10-3）如下所示：

表2-10-2

银行存款日记账

2020年		凭证		摘要	结算凭证		借方	贷方	余额
月	日	字	号		种类	号数			
11	1			期初余额					260 000
	3	付	1	付购料款	转支	5621		210 000	
	3	付	3	支付运费	转支	5632		1 000	
	5	收	1	收销货款	木票	3516	218 000		
	13	付	4	付购货款	转支	5623		92 000	
	13	付	5	付修理费	转支	6211		2 500	
	15	收	2	收销货款	转支	6213	160 000		332 500

基础会计实训教程

表2-10-3

中国工商银行保定市红旗路支行对账单

2020年		摘要	结算凭证		借方	贷方	余额
月	日		种类	号数			
11	1	期初余额					260 000
	3	收销货款	本票	3516		218 000	
	3	支付购料款	转支	5621	210 000		
	5	付运费	转支	5632	1 000		
	8	付电费	委付	5623	23 000		
	12	收到投资款	转支	6221		3 200	
	13	收销货款	汇票	5610		70 000	
	15	支付购料款	转支	5623	92 000		225 200

实训资料3

2020年12月银行存款日记账(表2-10-4)和银行存款对账单(表2-10-5)如下所示:

表2-10-4

银行存款日记账

2020年		凭证		摘要	结算凭证		借方	贷方	余额
月	日	字	号		种类	号数			
12	1			期初余额					550 000
	1	收	1	销售产品	委收	2369	80 000		
	2	付	2	付业务招待费	转支	5681		2 000	
	2	付	3	支付修理费	转支	5682		2 000	
	3	付	8	购买原材料	本票	3526		45 200	
	8	付	25	购买办公用品	转支	5683		5 000	
	11	收	36	收到投资款	转支	6231	300 000		
	12	收	38	收到包装物押金	转支	6233	8 500		
	13	付	30	支付广告费	转支	5684		20 000	
	14	付	32	购买加工设备	汇票	3682		60 000	
	18	付	57	购买包装物	转支	5685		2 500	
	18	收	45	销售多余材料	转支	6235	4 680		
	18	付	58	从银行提取现金	现支	3650		25 000	
	20	付	60	提现以备发工资	现支	3651		100 000	
	23	付	68	预付2010年财产保险	转支	5687		15 000	
	25	收	50	收回货款	委收	2372	100 000		
	31	付	71	提备用金	现支	3652		3 000	
	31			本月合计			493 180	279 700	763 480

— 124 —

表2-10-5

中国工商银行保定市红旗路支行对账单

2020 年 12 月 31 日

| 2020 年 | | 摘　要 | 结算凭证 | | 借方 | 贷方 | 余额 |
月	日		种类	号数			
12	1	期初余额					550 000
	1	销售产品	委收	2369		80 000	
	4	支付修理费	转支	5682	2 000		
	5	购买材料	本票	3526	45 200		
	9	购买办公用品	转支	5683	5000		
	10	收到投资款	转支	6231		300 000	
	11	支付广告费	转支	5684	20 000		
	15	支付电费	委收	2371	50 000		
	18	购买加工设备	汇票	3682	60 000		
	18	从银行提取现金	现支	3650	25 000		
	20	提现以备发工资	现支	3651	100 000		
	25	兴农公司退多余款	汇票	3621		3 000	
	28	预付2010年财产保险	转支	5687	15 000		
	31	预收销货款	电汇	3569		58 500	
	31	本月合计			322 200	441 500	669 300

实训资料4

2020年12月31日,该企业西红柿盘点结果为450公斤,单价5元/公斤,计2 250元;西红柿明细账(表2-10-6)如下所示:

表2-10-6
计量单位:公斤

原材料明细账

名称及规格:西红柿
储备定额:(略)

最高储备量:(略)
最低储备量:(略)

2020年		凭证		摘要	收 入									发 出									结 存								
月	日	字	号		数量	单价	万	千	百	十	元	角	分	数量	单价	万	千	百	十	元	角	分	数量	单价	万	千	百	十	元	角	分
12	20			承前																			1000	5		5	0	0	0	0	0
	25	付	89	购入	100	5			5	0	0	0	0										1100	5		5	5	0	0	0	0
	25	转	69	领用										500	5		2	5	0	0	0	0	600	5		3	0	0	0	0	0
	28	转	78	购入	150	5			7	5	0	0	0										750	5		3	7	5	0	0	0
	29	转	80	领用										80	5			4	0	0	0	0	670	5		3	3	5	0	0	0
	29	转	81	领用										400	5		2	0	0	0	0	0	370	5		1	3	5	0	0	0
	31	付	97	购入	130	5			6	5	0	0	0										500	5		2	5	0	0	0	0

2.10.5 实训用材

表2-10-7

库存现金盘点报告表

单位名称:　　　　　　　　　　　年　月　日

实存金额	账存金额	对比结果		备注
		盘盈	盘亏	

表2-10-8

银行存款余额调节表1

单位名称:　　　　　　　　　　　年　月　日　　　　　　　　　　　单位:元

项　目	金　额	项　目	金　额
企业银行存款日记账余额		银行对账单余额	
加:银行已收企业未收款		加:企业已收银行未收款	
减:银行已付企业未付款		减:企业已付银行未付款	
调节后的存款余额		调节后的存款余额	

表2-10-9　　　　　　　　　　　　　银行存款余额调节表2

单位名称:　　　　　　　　　　　　　　年　　月　　日　　　　　　　　　　　　　单位:元

项　　目	金　　额	项　　目	金　　额
企业银行存款日记账余额		银行对账单余额	
加:银行已收企业未收款		加:企业已收银行未收款	
减:银行已付企业未付款		减:企业已付银行未付款	
调节后的存款余额		调节后的存款余额	

表2-10-10　　　　　　　　　　　　　　　盘存单

单位名称:　　　　　　　　　　　　　盘点时间:

实物名称:　　　　　　　　　　　　　存放地点:

编号	名称	计量单位	数量	单价	金额	备注

表2-10-11　　　　　　　　　　　　　　账存实存对比表

实物名称:　　　　　　　　　　　　　年　　月　　日　　　　　　　　编号

编号	名称	计量单位	单价	实存		账存		盘盈(盘亏)		备注
				数量	金额	数量	金额	数量	金额	

任务11　编资产负债表、利润表

2.11.1　实训目的

掌握企业资产负债表、利润表的编制方法。

2.11.2　实训指导

1.　资产负债表的编制注意事项

资产负债表的"期末余额"栏内各项目数字,应根据会计账簿记录填列。具体来说主要有以下几种方法。

（1）根据总账科目期末余额直接填列。例如"短期借款""应付票据""应付职工薪酬"等项目。

（2）根据总账科目期末余额分析计算填列。例如，①"货币资金"项目，需根据"库存现金""银行存款""其他货币资金"三个总账科目余额合计数填列；②"未分配利润"项目，反映企业期末累计未分配的利润或未弥补的亏损，本项目应根据"本年利润"账户和"利润分配"账户的期末余额计算填列。未弥补的亏损，在本项目内以"—"号反映。

（3）根据明细科目期末余额计算分析填列。例如"预付账款"项目是根据"应付账款"和"预付账款"明细科目的期末借方余额合计数填列，"应付账款"项目是根据"应付账款"和"预付账款"明细科目的期末贷方余额合计数填列；"应收账款"项目是根据"应收账款"和"预收账款"明细科目的期末借方余额合计数减去"坏账准备"科目期末余额后的净额填列，"预收账款"项目是根据"应收账款"和"预收账款"明细科目的期末贷方余额合计数填列。

（4）根据总账科目期末余额和明细科目期末余额计算、分析填列。 例如，"长期借款"项目，需要根据"长期借款"总账科目期末余额扣除"长期借款"科目所属明细科目中将在一年内到期的长期借款后的金额计算填列。

（5）根据有关账户期末余额减去备抵科目余额后的净额填列。如 "长期股权投资""在建工程"等项目，应根据"长期股权投资""在建工程"等总账科目期末余额分别减去"长期股权投资减值准备""在建工程减值准备"等科目后的净额填列；"固定资产"项目根据"固定资产"总账科目期末余额减去"累计折旧""固定资产减值准备"备抵科目余额后的净额填列；"无形资产"项目根据"无形资产"总账科目期末余额减去"累计摊销""无形资产减值准备"备抵科目期末余额后的净额填列。

（6）综合运用上述填列方法分析填列。如资产负债表中的"存货"项目，需要根据"原材料""委托加工物资""周转材料""材料采购""在途物资""发出商品""材料成本差异（若为贷方减去，若为借方加上）"等总账科目期末余额的合计数，再减去"存货跌价准备"期末余额后的净额填列。

2. 利润表的编制注意事项

利润表中各项目填列方法如下。

（1）按照相关科目的发生额分析计算填列。例如"营业收入"项目，根据"主营业务收入""其他业务收入"科目的发生额分析填列；"营业成本"项目，根据"主营业务成本""其他业务成本"科目的发生额分析计算填列。

（2）按照相关科目的发生额直接填列。例如"营业税金及附加""销售费用""管理费用""财务费用""资产减值损失""公允价值变动收益（损失以"-"号填列）""营业外收入""营业外支出""所得税费用"。

2.11.3　实训要求

根据2.11.4的实训资料1编制资产负债表（表2-11-3）、根据2.11.4实训资料2编制利润表（表2-11-4）。

2.11.4　实训资料

实训资料1

长江公司2020年12月末各账户期末余额及发生额见表2-11-1。

表2-11-1　　　　　　　　　　　总账及有关明细账的期末余额表　　　　　　　　　　　单位:元

账户名称	借方金额	账户名称	贷方金额
库存现金	3 000	短期借款	80 000
银行存款	988 435	应付票据	60 000
应收票据	46 000	应付账款	734 800
应收账款	400 000	丙公司	934 800
甲公司	500 000	丁公司	−200 000
乙公司	−100 000	应付职工薪酬	200 000
坏账准备	−1 200	应交税费	246 731
预付账款	80 000	应付股利	32 665
A公司	100 000	其他应付款	50 000
B公司	−20 000	长期借款	1 160 000
其他应收款	5 000	其中:一年到期的款项	160 000
在途物资	275 000	实收资本	5 000 000
原材料	108 224	盈余公积	144 770
周转材料	48 050	利润分配(未分配利润)	193 943
库存商品	2 322 400		
其他流动资产	40 000		
长期股权投资	300 000		
固定资产	2 000 000		
累计折旧	−230 000		
在建工程	778 000		
无形资产	540 000		
其他非流动资产	200 000		
合　　计	7 902 909	合　　计	7 902 909

实训资料2

黄河公司2020年12月末损益类账户发生额见表2-11-2。

表2-11-2　　　　　　　　　　　损益类科目12月份发生净额　　　　　　　　　　　单位:元

科目名称	借方发生额	贷方发生额
主营业务收入		1 670 000
主营业务成本	880 000	
税金及附加	5500	
销售费用	42 900	
管理费用	187 400	
财务费用	52 300	
投资收益		33 400
营业外收入		40 000
营业外支出	16 500	
所得税费用	143 325	

2.11.5　实训用材

表2-11-3　　　　　　　　　　　资产负债表　　　　　　　　　　　会企01表

编制单位:　　　　　　　　　　　年　月　日　　　　　　　　　　　单位:元

资　产	期末余额	上年年末余额	负债和所有者权益（或股东权益）	期末余额	上年年末余额
流动资产:			流动负债:		
货币资金			短期借款		
交易性金融资产			交易性金融负债		
衍生金融资产			应付票据		
应收票据			应付账款		
应收账款			预收款项		
应收款项融资			合同负债		
预付款项			应付职工薪酬		
其他应收款			应交税费		
存货			其他应付款		
合同资产			持有待售负债		
持有待售资产			一年内到期的非流动负债		
一年内到期的非流动资产			其他流动负债		
其他流动资产			流动负债合计		
流动资产合计			非流动负债		

（续表）

资　产	期末余额	上年年末余额	负债和所有者权益（或股东权益）	期末余额	上年年末余额
非流动资产：			长期借款		
债权投资			应付债券		
其他债权投资			租赁负债		
长期应收款			长期应付款		
长期股权投资			预计负债		
其他权益工具投资			递延收益		
其他非流动金融资产			递延所得税负债		
投资性房地产			其他非流动负债		
固定资产			非流动负债合计		
在建工程			负债合计		
使用权资产			所有者权益(或股东权益)：		
无形资产			实收资本(或股本)		
开发支出			资本公积		
商誉			其他综合收益		
长期待摊费用			盈余公积		
递延所得税资产			未分配利润		
其他非流动资产			所有者权益(或股东权益)合计		
非流动资产合计					
资产总计			负债和所有者权益(或股东权益)总计		

表2-11-4　　　　　　　　　　利　润　表　　　　　　　　　　会企02表
编制单位：　　　　　　　　　　年　月　日　　　　　　　　　　单位：元

项　目	本期金额	上期金额
一、营业收入		
减：营业成本		
税金及附加		
销售费用		
管理费用		
研发费用		
财务费用		

（续表）

项　　目	本期金额	上期金额
其中:利息费用		
利息收入		
加:其他收益		
投资收益(损失以"-"号填列)		
公允价值变动收益(损失以"-"号填列)		
信用减值损失(损失以"-"号填列)		
资产减值损失(损失以"-"号填列)		
资产处置收益(损失以"-"号填列)		
二、营业利润(亏损以"-"号填列)		
加:营业外收入		
减:营业外支出		
三、利润总额(亏损总额以"-"号填列)		
减:所得税费用		
四、净利润(净亏损以"-"号填列)		

项目三

综合模拟实训

任务1　编制科目汇总表、登记总账

3.1.1　实训目的

掌握科目汇总表编制方法,学会根据科目汇总表登记总账。

3.1.2　实训指导

（1）科目汇总表,也就是记账凭证汇总表,是定期(业务量多的单位可每天汇总一次,一般间隔最长不超过10天)将一定时间内的记账凭证,按照相同会计科目归类,分别汇总并计算每一会计科目的借方发生额和贷方发生额,填写到"记账凭证汇总表"的有关栏内。按会计科目汇总后,分别加计全部会计科目的借方发生额和贷方发生额,填写到"合计"栏内,进行试算平衡。

（2）根据科目汇总表的汇总金额,登记总账,摘要栏写"×日—×日发生额汇总"或"记×号—×号汇总"等。

3.1.3　实训要求

（1）根据实训资料编制记账凭证,根据记账凭证编制科目汇总表(表3-1-1)。

（2）根据科目汇总表登记总账。

3.1.4　实训资料

采用2.4.4实训资料4所编的记账凭证。

2020年5月部分账户借方余额如下：

库存现金：5 200；

银行存款：105 000；

原材料：260 000.00。

3.1.5　实训用材

（1）科目汇总表（见表3-1-1）

（2）总账账页1张。（可利用1张账页，开设所有账户）

表3-1-1　　　　　　　　　　　　　科目汇总表　　　　　　　　　　　科汇字第　号

编制单位：　　　　　　　　　　年　月　日　　　　　　　　汇总第　号至　号记账凭证

序　号	科目编码	科目名称	借方发生额	贷方发生额	总账页数
		合　计			

任务2　综合业务账务处理

3.2.1　实训目的

掌握科目汇总表核算形式的会计核算流程。

3.2.2　实训指导

1. 科目汇总表核算形式的一般步骤

（1）根据原始凭证编制原始凭证汇总表；

（2）根据原始凭证或原始凭证汇总表编制记账凭证；

（3）根据收款凭证、付款凭证（或通用的记账凭证）逐笔登记现金日记账、银行存款日记账；

（4）根据收款凭证、付款凭证和转账凭证（或通用的记账凭证）及有关原始凭证或原始凭证汇总表登记各种明细分类账；

（5）根据一定时期内的全部记账凭证编制科目汇总表；

（6）根据定期编制的科目汇总表登记总分类账；

（7）月末，将现金日记账、银行存款日记账和各种明细分类账分别与总分类账相互核对；

（8）月末，根据总分类账和明细分类账的记录编制财务报表。

科目汇总表核算形式如图3-1所示：

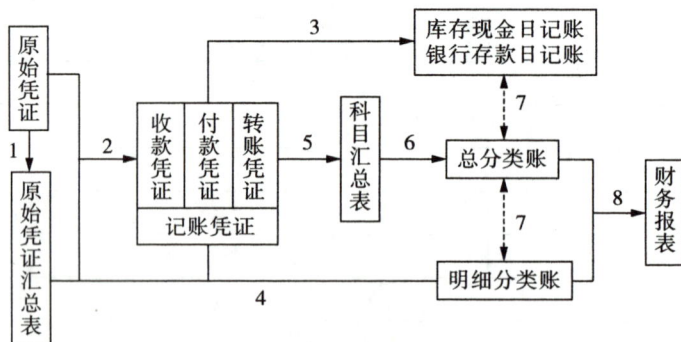

图3-1　科目汇总表核算形式

2. 明细账簿设置

企业根据需要设置相应格式的明细账簿。建议"原材料""库存商品""在途物资""周转材料"科目使用数量金额明细账簿；"管理费用""销售费用""制造费用""生产成本"

"本年利润"科目使用多栏明细账;"应交税费——应交增值税"科目使用增值税多栏明细账;其他科目使用三栏明细账(本题没给出明细科目的账户,可以不设明细账)。

3.2.3 实训要求

(1)根据表3-2-1～表3-2-5开设总账及明细账;

(2)根据3.2.4实训资料编制记账凭证;

(3)登记库存现金日记账、银行存款日记账 ;

(4)登记明细账;

(5)根据记账凭证编制科目汇总表(表3-2-6)(表3-2-7)、登记总账;编制总分类账户计算平衡表(表3-2-8)。

(6)编制资产负债表(表3-2-9)、利润表(3-2-10)。

3.2.4 实训资料

1. 北京市美好服装股份有限公司基本信息

模拟公司基本情况:北京市美好服装股份有限公司

纳税人识别号:110138646481058

地址、电话:北京市朝阳路69号   6588231

开户行及账号:中国建设银行北大街支行   160101040017608

税务登记号:677856432198769

单位法人代表:刘自强

单位财务负责人:王刚

会计:刘华

出纳:张明

材料核算:黄江

工资核算:李明

仓库收料员:王娜

仓库发料员:张普

车间领料员:唐杰

业务员:张刚

2. 期初余额资料

表3-2-1　　　　　　　　　　美好服装制造公司总账、明细账期初余额

2020年4月1日　　　　　　　　　　　　　　　　　　　单位:元

总账科目	明细科目	金额	总账科目	明细科目	金额
库存现金		3 000.00	短期借款	中国建设银行北大街支行	200 000.00
银行存款	中国建设银行北大街支行	2 560 000.00	应付账款	如意纺织厂	80 000.00
应收账款	天使服装代理商	5 000.00	应付利息	中国建设银行北大街支行	1 000.00
应收账款	美丽商厦	6 000.00	应付职工薪酬	工资	686 000.00
应收账款	玲玲服装店	40 000.00	应交税费	未交增值税	250 000.00
应收账款	天天服装批发城			应交城建税	17 500.00
在途物资	A布料(锦绣针织厂)	1 000 000.00		应交教育费附加	7 500.00
原材料	A布料	1 200 000.00		应交所得税	225 000.00
	B布料	900 000.00	实收资本	东方公司	15 000 000.00
周转材料	包装袋	1 000.00	资本公积	其他资本公积	2 200 000.00
库存商品	男装	900 000.00	盈余公积	法定盈余公积	1 592 000.00
	女装	5 500 000.00	利润分配	未分配利润	8 900 000.00
固定资产	房屋	26 000 000.00			
	设备	2 000 000.00			
累计折旧		-11 000 000.00			
无形资产	商标权	44 000.00			
合计		29 159 000.00	合计		29 159 000.00

表3-2-2　　　　　　　　　　在途物资明细账期初余额

科目	明细科目	计量单位	数量	单价	金额
在途物资	A布料	米	100 000	10.00	1 000 000.00

表3-2-3　　　　　　　　　　原材料明细账期初余额

科目	明细科目	计量单位	数量	单价	金额
原材料	A布料	米	120 000	10.00	1 200 000.00
	B布料	米	150 000	6.00	900 000.00
小计			270 000		2 100 000.00

表3-2-4　　　　　　　　　　周转材料明细账期初余额

科目	明细科目	计量单位	数量	单价	金额
周转材料	包装袋	个	20 000	0.05	1 000.00

表3-2-5　　　　　　　　　　　　库存商品明细账期初余额

科目	明细科目	计量单位	数量	单价	金额
库存商品	女装	件	100 000	55.00	5 500 000.00
	男装	件	18 000	50.00	900 000.00
小计			118 000		6 400 000.00

3. 模拟公司经济业务提示(原始凭证见附录1:模拟公司经济业务原始凭证)

业务1:2020年4月1日,开出银行转账支票支付前欠如意纺织厂货款。

业务2:2020年4月2日,上月购入的A布料到货,验收入库。

业务3:2020年4月3日,生产女装,领取A布料投入生产。

业务4:2020年4月6日,销售给天天服装批发城男装开出增值税专用发票,尚未收到款项。

业务5:2020年4月6日,业务员张刚借现金租车运送服装。

业务6:2020年4月6日,业务员张刚报销出租车票,系租车运送男装给天天服装批发城的费用。

业务7:2020年4月7日,开出银行支票支付上月应交增值税、城建税、教育费附加、企业所得税。

业务8:2020年4月7日,开出银行支票支付职工工资。

业务9:2020年4月7日,收到天使服装代理商转账支票,归还前欠货款。

业务10:2020年4月7日,收到美丽商厦的转账支票一张。

业务11:2020年4月8日,生产女装,领取A布料投入生产。

业务12:2020年4月8日,生产男装,领取B布料投入生产。

业务13:2020年4月8日,开出转账支票一张,支付办公电话费。

业务14:2020年4月8日,司机王涛报销停车费。

业务15:2020年4月10日,销售给天天服装批发城女装,开出增值税专用发票,尚未收到款项。

业务16:2020年4月10日,业务员张刚报销出租车票,系租车运送女装给天天服装批发城的费用。

业务17:2020年4月10日,收到业务员张刚交来的天天服装批发城的支票一张。

业务18:2020年4月11日,支付水费,收到增值税专用发票,开出支票支付款项,用途分别是生产女装、生产男装用、生产车间一般耗用。

业务19:2020年4月15日,支付电费,收到增值税专用发票,开出支票支付款项,用途分别是生产女装用、生产男装用、生产车间一般耗用。

业务20:2020年4月21日,销售给天使服装代理商女装70 000件,销售给天使服装代理商男装4 500件,开出增值税专用发票,收到转账支票。

业务21:2020年4月25日,计算本月工人工资,包括生产女装工人工资、生产男装工人工资、生产车间人员工资、管理部门人员工资。

业务22:2020年4月30日,计提固定资产折旧,包括车间计提的、管理部门计提的。

业务23:2020年4月30日,分摊制造费用。

业务24:2020年4月30日,生产完工入库女装16 000件,男装7 000件,计算结转完工产品成本。

业务25:2020年4月30日,计算结转本月已销产品成本。女装销售数量70 700件,男装销售数量4 950件。

业务26:2020年4月30日,按增值税额977 110元的7%计提本月应纳城建税;按增值税额977 110元的3%计提本月应纳教育费附加。

业务27:2020年4月30日,计算有关损益类账户余额并结转到本年利润科目。

业务28:2020年4月30日,按当月实际利润3 141 689元计提本月应交所得税(企业所得税率25%),并将所得税费用结转到本年利润科目。

附录1:模拟公司经济业务原始凭证

业务1

```
中国建设银行          (京)
转账支票存根
E E
— — 22975208
0 2

附加信息
_____
_____
_____

出票日期 2020 年 4 月 1 日
收款人:北京如意纺织厂
金 额:¥80 000.00
用 途:偿还欠款
单位主管 王 刚  会计 刘 华
```

图1

业务2

材料入库单

供应单位:北京市锦绣针织厂

2020年4月2日

发票号:00673128

字第50号

材料类别	材料名称	规格材质	计量单位	应收数量	实收数量	单价	金 额									
							千	百	十	万	千	百	十	元	角	分
原材料	A布料		米	100 000	100 000	10.00		1	0	0	0	0	0	0	0	0
检验结果		检验员签章:		运杂费												
				合计			¥	1	0	0	0	0	0	0	0	0
备 注																

仓库 2号 会计 收料员 王 娜 制单:黄 江

图2

业务3

领　料　单

领料部门:生产车间　　　　　　　　2020年4月3日　　　　　　　　No　351

材　料		单　位	数　量		单位成本	金　额	过　账
名　称	规　格		请　领	实　发			
A布料		米	10 000	10 000	10.00	100 000.00	
工作单号	1340	用途	生产女装				
工作项目							

会计:刘 华　　　　　记账:黄 江　　　　　发料:张 普　　　　　领料:唐 杰

第二联　记账联

图3

业务4

1100132155
机器编号:499088207688

北京增值税专用发票
记账联

No 1285079

开票日期:2020年4月6日

购买方	名　　　称：北京天天服装批发城 纳税人识别号：110228773681042 地址、电话：北京市永华路60号 5885688 开户行及账号：工行东风路支行 　　　　　　　584000586642312	密码区	6 <3 –8/≠33 >80 +8 +77 >5 +≠11001321 – 168≠?+78?33<8 –79834≠11001321550> 84>315–2*0*8–843<2 2285079?46*+56>> 2* ++524 +>>*5? +78?33 <8 –79834 ≠ 11001321550>84>315–2*0*8–8429834≠ 11001321550>84>

货物或应税劳务、服务名称	规格型号	单位	数量	单价	金额	税率	税额
男装		件	450	100.00	45 000.00	13%	5 850.00
合计					¥45 000.00		¥5 850.00

价税合计(大写)	伍万零捌佰伍拾元整		(小写)¥50 850.00

销售方	名　　　称：北京市美好服装股份有限公司 纳税人识别号：110138646481058 地址、电话：北京市朝阳路69号 6588231 开户行及账号：建行北大街支行 　　　　　　　160101040017608	备注	

收款人:张 明　　　复核:刘 华　　　开票人:王 辉　　　销货单位:(章)

第三联　记账联　销货方记账凭证

图4

业务5

借　款　单

2020年4月6日　　　　　　　　　　　　　　　　　编号321

部门	供销部	姓名	张　刚	借款用途	租车运送服装
借款金额	人民币(大写)贰佰元整(小写)				￥200.00
实际报销金额		结余金额	现金付讫	负责人审核意见	同意借款 刘自强
		超支金额			
备注				结账日期	2020 年 4 月 6 日

财务主管：王　刚　　　会计：刘华　　　出纳：张　明　　　借款人签章：张　刚

图5

业务6

费 用 报 销 单

报销日期 2020年4月6日　　　　　　　　　　　　附件1张(略)

费用项目	类　别	金　额	单位负责人（签章）	刘自强
销售费用	运输费	200.00		
			审查意见	同意报销
	现金付讫			
			报销人	张　刚

报销金额合计 ￥200.00		
大写金额 贰佰元整		
借款数：￥200.00	应退数：	应补金额：
列支渠道	招待客户	
审核：王　刚		出纳：张　明

图6

业务7　　　　　　　　　**国家税务总局北京税务局电子缴款凭证**

京税电缴：No.202011013671532401

打印日期：2020年4月7日

防伪码：7565DABB5615DADD7D6814735C9D 3498

纳税人识别号：110138646481058				税务征收机关：国家税务总局北京市东城区税务局			
纳税人全称：北京市美好服装股份有限公司				银行账号：160101040017608			
系统税票号	税(费)种	税(品)目	所属时期 (年/月/日)	实缴金额	缴款日期	备注
110156781235791836	企业所得税	应纳所得额	2020/03/01~2020/03/31	225 000.00	2020-04-07	1
110156781235791836	增值税	销售服装	2020/03/01~2020/03/31	250 000.00	2020-04-07	1
110156781235791836	教育费附加	增值税教育费附加	2020/03/01~2020/03/31	7 500.00	2020-04-07	1
110156781235791836	城市维护建设税	市区(增值税附增)	2020/03/01~2020/03/31	17 500.00	2020-04-07	1
大写(合计)金额：伍十万元整					¥500 000.00	
税务机关	说明：1.本缴款凭证仅作为纳税人记账核算凭证使用，电子缴款的，需与银行对账单电子划缴记录核对一致方有效。纳税人如需汇总开具正式完税证明，请凭税务登记证或身份证明到主管税务机关开具或到电子税务局网上开具完税证明。 2.备注中显示的是本条记录的打印次数。					

图 7($\frac{1}{2}$)

中国建设银行电子缴税付款凭证

缴税日期：2020年4月7日　　　　　　　　　　　　　凭证字号：20200407345678669

纳税人全称及纳税人识别号：北京市美好服装股份有限公司　110138646481058	
付款人全称：北京市美好服装股份有限公司	
付款人账号：160101040017608	征收机关名称：国家税务总局北京市东城区税务局
付款人开户行：中国建设银行北大街支行	收款国库（银行）名称：国家金库东城区支库
小写（合计）金额：¥500 000.00	缴款书交易流水号：62456758
大写（合计）金额：伍拾万元整	税票号码：2020110136715324O1

税（费）种名称	所属日期	实缴金额（单位：元）
企业所得税	20200301—20200331	225 000.00
增值税	20200301—20200331	250 000.00
教育费附加	20200301—20200331	7 500.00
城市维护建设税	20200301—20200331	17 500.00

第1次打印　　　　　　　　　　　打印日期：2020年4月7日

客户回单联　　　　　验证码：ED47F3820008　　　　复核：　　　　记账：

图7（$\frac{2}{2}$）

业务8

中国建设银行 （京）
转账支票存根
$\frac{E}{0}\frac{E}{2}$ 22975210

附加信息 _____

_____

_____

出票日期 2020 年 4 月 7 日

收款人：	北京市美好服装公司
金　额：	¥686 000.00
用　途：	支付职工工资

单位主管 王　刚　会计 刘　华

图8

业务9

中国建设银行进账单(收账通知)3

2020年4月7日　　　　　　　　　　　　第023号

出票人	全 称	北京市天使服装代理商	收款人	全 称	北京市美好服装股份有限公司
	账 号	584000586654352		账 号	160101040017608
	开户银行	工商银行朝阳路支行		汇入地点	中国建设银行北大街支行

金额	人民币(大写)伍仟元整	亿	千	百	十	万	千	百	十	元	角	分
						¥	5	0	0	0	0	0

票据种类	转账支票	票据张数	1
票据张数		01000189	

单位主管　　会计　　复核　　证账

工商银行朝阳路支行 2020.04.7 转讫

收款人开户行盖章
2020 年 4 月 7 日

图9

业务10

中国建设银行进账单(收账通知)3

2020年4月7日　　　　　　　　　　　　第025号

出票人	全 称	北京市美丽商厦	收款人	全 称	北京市美好服装股份有限公司
	账 号	58400053558243		账 号	160101040017608
	开户银行	建设银行城北支行		汇入地点	中国建设银行北大街支行

人民币(大写)陆仟元整	亿	千	百	十	万	千	百	十	元	角	分
						¥	6	0	0	0	0	0

票据种类	转账支票	票据张数	1
票据张数		06000189	

单位主管　　会计　　复核　　证账

建设银行北大街支行 2013.04.07 转讫

收款人开户行盖章
2020 年 4 月 7 日

图10

此联是收款人开户银行交给收款人的收款通知

业务11

领　料　单

领料部门：生产车间　　　　　　　　　2020年4月8日　　　　　　　　　编号352

| 材　料 | | 单　位 | 数　量 | | 单位成本 | 金　额 | 过　账 |
名　称	规　格		请　领	实　发			
A布料		米	5 000	5 000	10.00	50 000.00	
工作单号	1341	用途	生产女装				
工作项目							

第二联　记账联

会计：刘　华　　　　　记账：黄　江　　　　　发料：张　普　　　　　领料：唐　杰

图11

业务12

领　料　单

领料部门：生产车间　　　　　　　　　2020年4月8日　　　　　　　　　编号172

| 材　料 | | 单　位 | 数　量 | | 单位成本 | 金　额 | 过　账 |
名　称	规　格		请　领	实　发			
B布料		米	5 000	5 000	6.00	30 000.00	
工作单号	1342	用途	生产男装				
工作项目							

第二联　记账联

会计：刘　华　　　　　记账：黄　江　　　　　发料：张　普　　　　　领料：唐　杰

图12

业务13

中国建设银行
转账支票存根　（京）

$\dfrac{E}{0}\dfrac{E}{2}$22975211

附加信息 _____

_____

_____

_____

出票日期　2020 年 4 月 8 日

收款人：中国电信集团有限 公司北京分公司
金　　额：￥3 000.00
用　　途：支付电话费

单位主管 王　刚　会计 刘　华

图 13（$\frac{1}{2}$）

011001900203

校验码 07133 89935 71425 31983

北京增值税普通发票

No 64707365

开票日期：2020年4月8日

购买方	名　　　称：北京市美好服装股份有限公司 纳税人识别号：110138646481058 地址、电话：北京市朝阳路 69 号 6588231 开户行及账号：中国建设银行北大街支行 160101040017608	密码区	6<3-8/≠33>80+8+77>5+≠-168≠?+78? 33<8-79834≠ 1100132155 20>84>315-2*0*8-843<2 12285079 ?46+*56>>2*++524+>>*5 12285079

货物或应税劳务、服务名称	规格型号	单位	数量	单价	金　额	税率	税　额
＊电信服务＊通信服务费					3 000.00		＊
合　　计					￥3 000.00		￥＊

价税合计（大写）	叁仟元整	（小写）￥3 000.00

销售方	名　　　称：中国移动通信集团北京有限公司 纳税人识别号：9111000075691183256 地址、电话：北京市东城区东直门大街 6 号 010-52163698 开户行及账号：中国建设银行北京东城支行 11001012500033013213	备注	

收款人：北京移动　　复核：北京移动　　开票人：王　丽　　销货方：（章）

图 13（$\frac{2}{2}$）

第三联　记账联　销货方记账凭证

业务14

费用报销单

编号357

报销日期 2020年4月8日　　　　附件1张（略）

费用项目	类　别	金　额	单位负责人（签章）	刘自强
管理费用	交通费	200.00		
			审查意见	同意报销
	现金付讫		报销人	王　涛
报销金额合计 ￥200.00				
大写金额 贰佰元整				
借款数：	应退数：		应补金额：￥200.00	
列支渠道	停车费			
审核：王　刚			出纳：张　明	

图14

业务15

北京增值税专用发票

记账联

1100132155

机器编号：499088207688

№ 12285080

开票日期：2020年4月10日

购买方	名　称：北京天天服装批发城 纳税人识别号：110228773681042 地址、电话：北京市永华路60号 5885688 开户行及账号：工行东风路支行 584000586642312			密码区	6<3-8/≠33>80+8+77>5+≠-168≠?+78? 33<8-79834≠ 1100132155 20>84>315-2*0*8-843<2 12285080 ?46+*56>>2*++524+>>*5		
货物或应税服务、劳务名称	规格型号	单位	数量	单价	金额	税率	税额
女装		件	700	100.00	70 000.00	13%	9 100.00
合计					￥70 000.00		￥9 100.00
价税合计（大写）	柒万玖仟壹佰元整				（小写）￥79 100.00		
销售方	名　称：北京市美好服装股份有限公司 纳税人识别号：110138646481058 地址、电话：北京市朝阳路69号 6588231 开户行及账号：建行北大街支行 160101040017608			备注	北京市美好服装股份有限公司 110138646481058 发票专用章		

第三联 记账联 销货方记账凭证

收款人：张　明　　复核：李　方　　开票人：王　辉　　销货单位：（章）

图15

业务16

费 用 报 销 单

报销日期 2020年4月10日

编号358

附件1张（略）

费用项目	类　别	金　额	单位负责人（签章）	刘自强
销售费用	运输费	200.00		
			审查意见	同意报销
		现金付讫		
			报销人	张　刚

报销金额合计 ￥200.00

大写金额 贰佰元整

借款数：	应退数：	应补金额：￥200.00
列支渠道	运送服装	

审核：王　刚　　　　　　　　　　　　　　　　　　出纳：张　明

图16

业务17

中国建设银行进账单（收账通知）3

2020年4月10日　　　　　　　　　　　　　第203号

出票人	全　称	北京天天服装批发城	收款人	全　称	北京市美好服装股份有限公司										
	账　号	584000586642312		账　号	160101040017608										
	开户银行	工行东风路支行		开户银行	中国建设银行北大街支行										
人民币（大写）壹拾贰万玖仟玖佰伍拾元整					亿	千	百	十	万	千	百	十	元	角	分
						￥	1	2	9	9	5	0	0	0
票据种类	转账支票	票据张数	1	建设银行北大街支行 2020.04.10											
票据张数		6000189													
单位主管　　会计　　复核　　记账				收款人开户行盖章 2020年4月10日											

此联是收款人开户银行交给收款人的收款通知

图17

业务18

中国建设银行
转账支票存根 （京）

$\dfrac{E}{0}\dfrac{E}{2}$ 22975212

附加信息 _____

_____

_____

_____

出票日期 2020 年 4 月 11 日

| 收款人：北京自来水公司 |
| 金　额：¥4 360.00 |
| 用　途：支付水费 |

单位主管 王　刚 会计 刘　华

图 18($\frac{1}{3}$)

1100132155

机器编号：499088207688

北京增值税专用发票

发票联

№ 12285080

开票日期：2020年4月11日

	名　　称：北京市美好服装股份有限公司	密	6<3-8/≠33>80+8+77>5+≠-168≠?+78?
购买方	纳税人识别号：110138646481058	码	33<8-79834≠ 1100142155
	地址、电话：北京市朝阳路 69 号 6588231	区	20>84>315-2*0*8-843<2 12286080
	开户行及账号：建行北大街支行 160101040017608		?46+*56>>2*++524+>>*5

货物或应税劳务名称	规格型号	单位	数量	单价	金额	税率	税额
水		吨	800	5.00	4 000.00	9%	360.00
合计					¥4 000.00		¥360.00

| 价税合计（大写） | 肆仟叁佰陆拾元整 | （小写）¥4 360.00 |

	名　　称：北京市自来水公司	
销售方	纳税人识别号：110138646481001	备
	地址、电话：北京市朝阳路 111 号 6688231	注
	开户行及账号：建行北大街支行 160101040017601	

北京市自来水公司
110138646481001
发票专用章

第一联　发票联　购货方记账凭证

收款人：　　复核：　　开票人：李　强　　销货单位：（章）

图 18($\frac{2}{3}$)

外购水费分配表

2020年4月11日

应借科目	项目	分配金额
生产成本	女　装	2 000.00
生产成本	男　装	1 000.00
制造费用		1 000.00
合　计		4 000.00

图18（$\frac{3}{3}$）

业务19

中国建设银行　（京）
转账支票存根

$\frac{E}{0}\frac{E}{2}$22975213

附加信息

出票日期 2020 年 4 月 15 日

| 收款人：北京市供电公司 |
| 金　额：￥51 980.00 |
| 用　途：支付电费 |

单位主管 王　刚　会计 刘　华

图19（$\frac{1}{3}$）

北京增值税专用发票

1100132155
机器编号：499088207688

No 12285080
开票日期：2020年4月15日

购买方	名　　称：北京市美好服装股份有限公司 纳税人识别号：110138646481058 地址、电话：北京市朝阳路69号 6588231 开户行及账号：建行北大街支行 160101040017608	密码区	6<3−8/≠33>80+8+77>5+≠−168≠?+78? 33<8−79834≠ 1100152155 20>84>315−2*0*8−843<2 12287080 ?46+*56>>2*++524+>>*5

货物或应税劳务名称	规格型号	单位度	数量	单价	金额	税率	税额
电			92 000	0.50	46 000.00	13%	5 980.00
合计					¥46 000.00		¥5 980.00

价税合计（大写）　伍万壹仟玖佰捌拾元整　　（小写）¥51 980.00

销售方	名　　称：北京市供电公司 纳税人识别号：110138646481002 地址、电话：北京市朝阳路112号 6788231 开户行及账号：建行北大街支行 160101040017602	备注	

收款人：　　复核：　　开票人：赵力　　销货单位：（章）

图 19（2/3）

外购电费分配表
2020年4月15日　　　　　编号355

应借科目	项目	分配金额
生产成本	女装	24 000.00
	男装	18 000.00
制造费用		4 000.00
合计		46 000.00

图 19（3/3）

业务20

北京增值税专用发票

统一发票监制
河北
国家税务局制
记账联

1100132155

机器编号：499088207688

No 12285081

开票日期：2020年4月21日

购买方	名　称：北京天使服装代理商 纳税人识别号：110328773671024 地址、电话：北京市朝阳路58号 5865888 开户行及账号：工行朝阳路支行 584000586654352	密码区	6<3−8/≠33>80+8+77>5+≠168≠?+78? 33<8−79834≠ 110013215520>84>315− 2*0*8−843<2 12285081?46+*56>>2*++ 524+>>*5

货物或应税劳务名称	规格型号	单位	数量	单价	金额	税率	税额
女装		件	70 000	100.00	7 000 000.00	13%	910 000.00
男装		件	4 500	100.00	450 000.00	13%	58 500.00
合计					￥7 450 000.00		￥968 500.00

价税合计（大写）	捌佰肆拾壹万捌仟伍佰元整	（小写）￥8 418 500.00

销售方	名　称：北京市美好服装股份有限公司 纳税人识别号：110138646481058 地址、电话：北京市朝阳路69号 6588231 开户行及账号：建行北大街支行 160101040017608	备注	北京市美好服装股份有限公司 ★ 发票专用章

收款人：张 明　　　复核：李 芳　　　开票人：王 辉　　　销货单位：（章）

第三联　记账联　销货方记账凭证

图 20（1/2）

中国建设银行进账单（收账通知）3

2020年4月21日　　　　　　　　　　第203号

出票人	全　称	北京市天使服装代理商	收款人	全　称	北京市美好服装股份有限公司
	账号	584000586654352		账号	160101040017608
	开户银行	工商银行朝阳路支行		开户银行	中国建设银行北大街支行

人民币（大写）捌佰肆拾壹万捌仟伍佰元整	亿	千	百	十	万	千	百	十	元	角	分
		￥	8	4	1	8	5	0	0	0	0

票据种类	转账支票	票据张数	1
票据号码		01000190	

工商银行朝阳路支行
2020.04.21
转讫

收款人开户行盖章
2020年4月21日

单位主管　　会计　　复核　　记账

此联是收款人开户银行交给收款人的收款通知

图 20（2/2）

业务21　　　　　　　　　　　　　　　**职工工资分配表**　　　　　　　　　　　　　编号356

单位名称:北京市美好服装股份有限公司　　　　　2020年4月25日　　　　　　　　　　单位:元

部　　门	应分配工资
生产车间——女装	300 000
生产车间——男装	200 000
车间管理部门	100 000
厂部管理部门	86 000
合　　计	686 000
财务主管:王　刚	复核:刘　华　　　　　　　　制单:李　明

图 21

业务22　　　　　　　　　　　　　　**固定资产折旧计算表**　　　　　　　　　　　　　编号357

2020年4月30日

使用部门	固定资产类别	月初应计提折旧的固定资产原价	月折旧率	本月应提折旧额
车间	生产设备	50 000 000	0.8%	400 000
厂部	房屋、运输工具	25 000 000	0.4%	100 000
合计		75 000 000		500 000

图 22

业务23　　　　　　　　　　　　　　**制造费用分配表**

编号358

单位名称:北京市美好服装股份有限公司　　　2020年4月30日

分配对象	分配标准(生产工时)	分配率	分配金额
女　　装	7 000		404 000
男　　装	3 000		101 000
合　　计	10 000	50.5	505 000

图 23

业务24

完工产品成本计算表

2020年4月30日

编号359

单位:元

成本项目	直接材料	直接人工	其他直接支出	制造费用	总成本	产品产量	单位成本
女装	150 000	300 000	26 000	404 000	880 000	16 000	55
男装	30 000	200 000	19 000	101 000	350 000	7 000	50
合计							

图 24

业务25

产品销售成本计算表

2020年4月30日

编号360

单位:元/件

项　　目	期初结存成本	期初结存数量	本期入库成本	本期入库数量	加权平均单位成本	销售数量	销售成本
女装	5 500 000	100 000	880 000	16 000	55	70 700	3 888 500
男装	900 000	18 000	350 000	7 000	50	4 950	247 500
合计	6 400 000		1 230 000				4 136 000

图 25

业务26

城建税和教育费附加计算表

单位名称:北京市美好服装股份有限公司　　2020年4月30日

编号361

单位:元

税　　种	计税依据	税　率	应交税费	备　注
城建税	977 110	7%	68 397.7	
教育费附加	977 110	3%	29 313.3	
合　　计			￥97 711	
财务主管:王 刚		复核:王 刚		制单:刘 华

图 26

业务27:2020年4月30日,计算有关损益类账户余额并结转到本年利润科目。

损益类账户发生额计算表

2020年4月30日

编号362

单位:元

科 目	借方发生额	贷方发生额
主营业务收入		
主营业务成本		
税金及附加		
管理费用		
销售费用		
合 计		

图27

业务28

企业所得税费用计算表

编号363

单位名称:北京市美好服装股份有限公司　　2020年4月30日

单位:元

利润总额	纳税调整项目	应纳税所得额	适用税率	应纳所得税
本期应纳所得税额	￥			
财务主管:		复核:		制单:

图28

3.2.5　实训用材

记账凭证(35张);

现金日记账(1张)、银行存款日记账(2张)、三栏明细账页(20张)、数量金额明细账页(6张)、多栏明细账页(7张)、总账(32张)、科目汇总表(2张)、总分类账户试算平衡表(1张)、资产负债表(1份)、利润表(1份)。

账页、报表见附录2。

附录2：

库存现金日记账

年		凭证		摘要	借　方										贷　方										余　额									
月	日	字	号		千	百	十	万	千	百	十	元	角	分	千	百	十	万	千	百	十	元	角	分	千	百	十	万	千	百	十	元	角	分

银行存款日记账

第1页

年		凭证		摘要	借　方										贷　方										余　额									
月	日	字	号		千	百	十	万	千	百	十	元	角	分	千	百	十	万	千	百	十	元	角	分	千	百	十	万	千	百	十	元	角	分

银行存款日记账

年		凭证		摘要	借　方									贷　方									余　额								
月	日	字	号		千	百	十	万	千	百	十	元	角	分	千	百	十	万	千	百	十	元	角	分	千	百	十	万	千	百	十	元	角	分

明细分类账

明细科目：

年		凭证	摘要	借 方										贷 方										借或贷	余 额									
月	日	字 号		千	百	十	万	千	百	十	元	角	分	千	百	十	万	千	百	十	元	角	分		千	百	十	万	千	百	十	元	角	分

总页
分页

明细分类账

明细科目：

年		凭证	摘要	借 方										贷 方										借或贷	余 额									
月	日	字 号		千	百	十	万	千	百	十	元	角	分	千	百	十	万	千	百	十	元	角	分		千	百	十	万	千	百	十	元	角	分

总页
分页

明细分类账

明细科目：_____

年		凭证		摘要	借 方										贷 方										借或贷	余 额										总 页
月	日	字	号		千	百	十	万	千	百	十	元	角	分	千	百	十	万	千	百	十	元	角	分		千	百	十	万	千	百	十	元	角	分	分 页

明细分类账

明细科目：_____

年		凭证		摘要	借 方										贷 方										借或贷	余 额										总 页
月	日	字	号		千	百	十	万	千	百	十	元	角	分	千	百	十	万	千	百	十	元	角	分		千	百	十	万	千	百	十	元	角	分	分 页

明细分类账

明细科目：＿＿＿＿＿＿

总页
分页

年		凭证		摘要	借　方										贷　方										借或贷	余　额									
月	日	字	号		千	百	十	万	千	百	十	元	角	分	千	百	十	万	千	百	十	元	角	分		千	百	十	万	千	百	十	元	角	分

明细分类账

明细科目：＿＿＿＿＿＿

总页
分页

年		凭证		摘要	借　方										贷　方										借或贷	余　额									
月	日	字	号		千	百	十	万	千	百	十	元	角	分	千	百	十	万	千	百	十	元	角	分		千	百	十	万	千	百	十	元	角	分

明细分类账

明细科目：

年 月	日	凭证字号	摘要	借 方 千百十万千百十元角分	贷 方 千百十万千百十元角分	借或贷	余 额 千百十万千百十元角分

总页
分页

明细分类账

明细科目：

年 月	日	凭证字号	摘要	借 方 千百十万千百十元角分	贷 方 千百十万千百十元角分	借或贷	余 额 千百十万千百十元角分

总页
分页

明细分类账

明细科目：_____　　　　　　　　　　　　　　　　　　　　　　　　总　页
　　　　　　　　　　　　　　　　　　　　　　　　　　　　　　　　　　　分　页

年		凭证	摘要	借方										贷方										借或贷	余额									
月	日	字号		千	百	十	万	千	百	十	元	角	分	千	百	十	万	千	百	十	元	角	分		千	百	十	万	千	百	十	元	角	分

明细分类账

明细科目：_____　　　　　　　　　　　　　　　　　　　　　　　　总　页
　　　　　　　　　　　　　　　　　　　　　　　　　　　　　　　　　　　分　页

年		凭证	摘要	借方										贷方										借或贷	余额									
月	日	字号		千	百	十	万	千	百	十	元	角	分	千	百	十	万	千	百	十	元	角	分		千	百	十	万	千	百	十	元	角	分

明细分类账

明细科目：_____　　　　　　　　　　　　　　　　　　总页____　分页____

年		凭证		摘要	借　方									贷　方									借或贷	余　额								
月	日	字	号		千	百	十	万	千	百	十	元	角	分	千	百	十	万	千	百	十	元	角	分		千	百	十	万	千	百	十	元	角	分

明细分类账

明细科目：_____　　　　　　　　　　　　　　　　　　总页____　分页____

年		凭证		摘要	借　方									贷　方									借或贷	余　额								
月	日	字	号		千	百	十	万	千	百	十	元	角	分	千	百	十	万	千	百	十	元	角	分		千	百	十	万	千	百	十	元	角	分

明细分类账

明细科目：

总页
分页

年		凭证	摘要	借方										贷方										借或贷	余额									
月	日	字号		千	百	十	万	千	百	十	元	角	分	千	百	十	万	千	百	十	元	角	分		千	百	十	万	千	百	十	元	角	分

明细分类账

明细科目：

总页
分页

年		凭证	摘要	借方										贷方										借或贷	余额									
月	日	字号		千	百	十	万	千	百	十	元	角	分	千	百	十	万	千	百	十	元	角	分		千	百	十	万	千	百	十	元	角	分

明细分类账

明细科目：＿＿＿＿＿＿

总页＿＿
分页＿＿

年月	日	凭证字号	摘要	借方 千 百 十 万 千 百 十 元 角 分	贷方 千 百 十 万 千 百 十 元 角 分	借或贷	余额 千 百 十 万 千 百 十 元 角 分

明细分类账

明细科目：＿＿＿＿＿＿

总页＿＿
分页＿＿

年月	日	凭证字号	摘要	借方 千 百 十 万 千 百 十 元 角 分	贷方 千 百 十 万 千 百 十 元 角 分	借或贷	余额 千 百 十 万 千 百 十 元 角 分

明细分类账

总页　　分页

明细科目：

年		凭证		摘要	借方									贷方									借或贷	余额								
月	日	字	号		千	百	十	万	千	百	十	元	角	分	千	百	十	万	千	百	十	元	角	分		千	百	十	万	千	百	十	元	角	分

明细分类账

总页　　分页

明细科目：

年		凭证		摘要	借方									贷方									借或贷	余额								
月	日	字	号		千	百	十	万	千	百	十	元	角	分	千	百	十	万	千	百	十	元	角	分		千	百	十	万	千	百	十	元	角	分

明细分类账

总页　分页

明细科目：

年		凭证		摘要	借方										贷方										借或贷	余额									
月	日	字	号		千	百	十	万	千	百	十	元	角	分	千	百	十	万	千	百	十	元	角	分		千	百	十	万	千	百	十	元	角	分

明细分类账

总页　分页

明细科目：

年		凭证		摘要	借方										贷方										借或贷	余额									
月	日	字	号		千	百	十	万	千	百	十	元	角	分	千	百	十	万	千	百	十	元	角	分		千	百	十	万	千	百	十	元	角	分

明细账

明细科目：　　　规格：　　　计量单位：　　　总页　分页

年		凭证		摘要	收　入（借方）											发　出（贷方）											结　存（余额）										
月	日	字	号		数量	单价	金额									数量	单价	金额									数量	单价	金额								
							千	百	十	万	千	百	十	元	角	分			千	百	十	万	千	百	十	元	角	分			千	百	十	万	千	百	十	元	角	分

明细账

明细科目：　　　规格：　　　计量单位：　　　总页　分页

年		凭证		摘要	收　入（借方）											发　出（贷方）											结　存（余额）										
月	日	字	号		数量	单价	金额									数量	单价	金额									数量	单价	金额								
							千	百	十	万	千	百	十	元	角	分			千	百	十	万	千	百	十	元	角	分			千	百	十	万	千	百	十	元	角	分

明细账

明细科目：

规格： 计量单位： 总 页
分 页

年		凭证		摘要	收 入（借方）			发 出（贷方）			结 存（余额）		
月	日	字	号		数量	单价	金额 千百十万千百十元角分	数量	单价	金额 千百十万千百十元角分	数量	单价	金额 千百十万千百十元角分

明细账

明细科目：

规格： 计量单位： 总 页
分 页

年		凭证		摘要	收 入（借方）			发 出（贷方）			结 存（余额）		
月	日	字	号		数量	单价	金额 千百十万千百十元角分	数量	单价	金额 千百十万千百十元角分	数量	单价	金额 千百十万千百十元角分

明细账

明细科目：　　　　规格：　　　　计量单位：　　　　总　页　分　页

年		凭证		摘要	收　入（借方）												发　出（贷方）												结　存（余额）												
月	日	字	号		数量	单价	金　额									数量	单价	金　额									数量	单价	金　额										
							千	百	十	万	千	百	十	元	角	分			千	百	十	万	千	百	十	元	角	分			千	百	十	万	千	百	十	元	角	分

明细账

明细科目：　　　　规格：　　　　计量单位：　　　　总　页　分　页

年		凭证		摘要	收　入（借方）												发　出（贷方）												结　存（余额）												
月	日	字	号		数量	单价	金　额									数量	单价	金　额									数量	单价	金　额										
							千	百	十	万	千	百	十	元	角	分			千	百	十	万	千	百	十	元	角	分			千	百	十	万	千	百	十	元	角	分

明细账

年		凭证		摘 要	借 方	贷 方	借或贷	余 额	借方金额分析					总页 分页	
月	日	字	号												

明细账

年		凭证		摘要	借方	贷方	借或贷	余额	借方金额分析					总页 分页
月	日	字	号										

明细账 _____

年		凭证		摘 要	借 方	贷 方	借或贷	余 额	借方金额分析					总页 分页	
月	日	字	号												

明细账

总页　　分页

年		凭证		摘要	借方	贷方	借或贷	余额	借方金额分析					
月	日	字	号											

明细账 _____

年		凭证		摘要	借 方	贷 方	借或贷	余 额	借方金额分析					总 页	分 页
月	日	字	号												

本 年 利 润 明 细 账

总 页

分 页

年		凭证		摘要	借　方										贷　方										借或贷	余　额								
月	日	字	号																																

本 年 利 润 明 细 账

总 页 页
分 页

年		凭证		摘要	借 方											贷 方											借或贷	余 额									
月	日	字	号																																	

应 交 增 值 税 明 细 账

年		凭证		摘要	借 方				贷 方			借或贷	余额
月	日	字	号		合计	进项税额	已交税金		合计	销项税额			

应交增值税明细账

年		凭证		摘要	借　方			贷　方		借或贷	余额
月	日	字	号		合计	进项税额	已交税金	合计	销项税额		

总　　　账

会计科目：　　　　　　　　　　　　　　　　　　　　　　　　　　　　　　　　页　数

年		凭证		摘要	借　方									贷　方									借或贷	余　额								
月	日	字	号		千	百	十	万	千	百	十	元	角	分	千	百	十	万	千	百	十	元	角	分		千	百	十	万	千	百	十	元	角	分

总　　　账

会计科目：　　　　　　　　　　　　　　　　　　　　　　　　　　　　　　　　页　数

年		凭证		摘要	借　方									贷　方									借或贷	余　额								
月	日	字	号		千	百	十	万	千	百	十	元	角	分	千	百	十	万	千	百	十	元	角	分		千	百	十	万	千	百	十	元	角	分

总　　　账

会计科目：　　　　　　　　　　　　　　　　　　　　　　　　　　　　　　　　页　数

年		凭证		摘要	借　方									贷　方									借或贷	余　额								
月	日	字	号		千	百	十	万	千	百	十	元	角	分	千	百	十	万	千	百	十	元	角	分		千	百	十	万	千	百	十	元	角	分

总　　账

会计科目：　　　　　　　　　　　　　　　　　　　　　　　　　　　　　　页　数

年		凭证		摘要	借　方										贷　方										借或贷	余　额									
月	日	字	号		千	百	十	万	千	百	十	元	角	分	千	百	十	万	千	百	十	元	角	分		千	百	十	万	千	百	十	元	角	分

总　　账

会计科目：　　　　　　　　　　　　　　　　　　　　　　　　　　　　　　页　数

年		凭证		摘要	借　方										贷　方										借或贷	余　额									
月	日	字	号		千	百	十	万	千	百	十	元	角	分	千	百	十	万	千	百	十	元	角	分		千	百	十	万	千	百	十	元	角	分

总　　账

会计科目：　　　　　　　　　　　　　　　　　　　　　　　　　　　　　　页　数

年		凭证		摘要	借　方										贷　方										借或贷	余　额									
月	日	字	号		千	百	十	万	千	百	十	元	角	分	千	百	十	万	千	百	十	元	角	分		千	百	十	万	千	百	十	元	角	分

总　　　账

会计科目：　　　　　　　　　　　　　　　　　　　　　　　　　　　　　　　　　　页　数

年		凭证		摘要	借方									贷方									借或贷	余额								
月	日	字	号		千	百	十	万	千	百	十	元	角	分	千	百	十	万	千	百	十	元	角	分		千	百	十	万	千	百	十	元	角	分

总　　　账

会计科目：　　　　　　　　　　　　　　　　　　　　　　　　　　　　　　　　　　页　数

年		凭证		摘要	借方									贷方									借或贷	余额								
月	日	字	号		千	百	十	万	千	百	十	元	角	分	千	百	十	万	千	百	十	元	角	分		千	百	十	万	千	百	十	元	角	分

总　　　账

会计科目：　　　　　　　　　　　　　　　　　　　　　　　　　　　　　　　　　　页　数

年		凭证		摘要	借方									贷方									借或贷	余额								
月	日	字	号		千	百	十	万	千	百	十	元	角	分	千	百	十	万	千	百	十	元	角	分		千	百	十	万	千	百	十	元	角	分

总　　　账

会计科目：　　　　　　　　　　　　　　　　　　　　　　　　　　　　　　　　　　页　数

年		凭证		摘要	借　方										贷　方										借或贷	余　额									
月	日	字	号		千	百	十	万	千	百	十	元	角	分	千	百	十	万	千	百	十	元	角	分		千	百	十	万	千	百	十	元	角	分

总　　　账

会计科目：　　　　　　　　　　　　　　　　　　　　　　　　　　　　　　　　　　页　数

年		凭证		摘要	借　方										贷　方										借或贷	余　额									
月	日	字	号		千	百	十	万	千	百	十	元	角	分	千	百	十	万	千	百	十	元	角	分		千	百	十	万	千	百	十	元	角	分

总　　　账

会计科目：　　　　　　　　　　　　　　　　　　　　　　　　　　　　　　　　　　页　数

年		凭证		摘要	借　方										贷　方										借或贷	余　额									
月	日	字	号		千	百	十	万	千	百	十	元	角	分	千	百	十	万	千	百	十	元	角	分		千	百	十	万	千	百	十	元	角	分

总　　　　账

会计科目：　　页　数

年		凭证		摘要	借　方									贷　方									借或贷	余　额								
月	日	字	号		千	百	十	万	千	百	十	元	角	分	千	百	十	万	千	百	十	元	角	分		千	百	十	万	千	百	十	元

总　　　　账

会计科目：　　页　数

年		凭证		摘要	借　方									贷　方									借或贷	余　额								
月	日	字	号		千	百	十	万	千	百	十	元	角	分	千	百	十	万	千	百	十	元	角	分		千	百	十	万	千	百	十	元

总　　　　账

会计科目：　　页　数

年		凭证		摘要	借　方									贷　方									借或贷	余　额								
月	日	字	号		千	百	十	万	千	百	十	元	角	分	千	百	十	万	千	百	十	元	角	分		千	百	十	万	千	百	十	元

总　　　账

会计科目：　　　　　　　　　　　　　　　　　　　　　　　　　　　　　　　　　　　　页　数

年		凭证		摘要	借方										贷方										借或贷	余额									
月	日	字	号		千	百	十	万	千	百	十	元	角	分	千	百	十	万	千	百	十	元	角	分		千	百	十	万	千	百	十	元	角	分

总　　　账

会计科目：　　　　　　　　　　　　　　　　　　　　　　　　　　　　　　　　　　　　页　数

年		凭证		摘要	借方										贷方										借或贷	余额									
月	日	字	号		千	百	十	万	千	百	十	元	角	分	千	百	十	万	千	百	十	元	角	分		千	百	十	万	千	百	十	元	角	分

总　　　账

会计科目：　　　　　　　　　　　　　　　　　　　　　　　　　　　　　　　　　　　　页　数

年		凭证		摘要	借方										贷方										借或贷	余额									
月	日	字	号		千	百	十	万	千	百	十	元	角	分	千	百	十	万	千	百	十	元	角	分		千	百	十	万	千	百	十	元	角	分

总　　　账

会计科目：　　　　　　　　　　　　　　　　　　　　　　　　　　页　数

年		凭证		摘要	借　方										贷　方										借或贷	余　额									
月	日	字	号		千	百	十	万	千	百	十	元	角	分	千	百	十	万	千	百	十	元	角	分		千	百	十	万	千	百	十	元	角	分

总　　　账

会计科目：　　　　　　　　　　　　　　　　　　　　　　　　　　页　数

年		凭证		摘要	借　方										贷　方										借或贷	余　额									
月	日	字	号		千	百	十	万	千	百	十	元	角	分	千	百	十	万	千	百	十	元	角	分		千	百	十	万	千	百	十	元	角	分

总　　　账

会计科目：　　　　　　　　　　　　　　　　　　　　　　　　　　页　数

年		凭证		摘要	借　方										贷　方										借或贷	余　额									
月	日	字	号		千	百	十	万	千	百	十	元	角	分	千	百	十	万	千	百	十	元	角	分		千	百	十	万	千	百	十	元	角	分

总　　　账

会计科目：　　　　　　　　　　　　　　　　　　　　　　　　　　　　页　数

年		凭证		摘要	借方									贷方									借或贷	余额								
月	日	字	号		千	百	十	万	千	百	十	元	角	分	千	百	十	万	千	百	十	元	角	分		千	百	十	万	千	百	十	元	角	分

总　　　账

会计科目：　　　　　　　　　　　　　　　　　　　　　　　　　　　　页　数

年		凭证		摘要	借方									贷方									借或贷	余额								
月	日	字	号		千	百	十	万	千	百	十	元	角	分	千	百	十	万	千	百	十	元	角	分		千	百	十	万	千	百	十	元	角	分

总　　　账

会计科目：　　　　　　　　　　　　　　　　　　　　　　　　　　　　页　数

年		凭证		摘要	借方									贷方									借或贷	余额								
月	日	字	号		千	百	十	万	千	百	十	元	角	分	千	百	十	万	千	百	十	元	角	分		千	百	十	万	千	百	十	元	角	分

总　　　账

会计科目：　　　　　　　　　　　　　　　　　　　　　　　　　　　　　　　　　　　页　数

年		凭证		摘要	借　方										贷　方										借或贷	余　额									
月	日	字	号		千	百	十	万	千	百	十	元	角	分	千	百	十	万	千	百	十	元	角	分		千	百	十	万	千	百	十	元	角	分

总　　　账

会计科目：　　　　　　　　　　　　　　　　　　　　　　　　　　　　　　　　　　　页　数

年		凭证		摘要	借　方										贷　方										借或贷	余　额									
月	日	字	号		千	百	十	万	千	百	十	元	角	分	千	百	十	万	千	百	十	元	角	分		千	百	十	万	千	百	十	元	角	分

总　　　账

会计科目：　　　　　　　　　　　　　　　　　　　　　　　　　　　　　　　　　　　页　数

年		凭证		摘要	借　方										贷　方										借或贷	余　额									
月	日	字	号		千	百	十	万	千	百	十	元	角	分	千	百	十	万	千	百	十	元	角	分		千	百	十	万	千	百	十	元	角	分

总　　　账

会计科目：　　　　　　　　　　　　　　　　　　　　　　　　　　　　　　　　　　　　　页　数

年		凭证	摘要	借　方										贷　方										借或贷	余　额									
月	日	字号		千	百	十	万	千	百	十	元	角	分	千	百	十	万	千	百	十	元	角	分		千	百	十	万	千	百	十	元	角	分

总　　　账

会计科目：　　　　　　　　　　　　　　　　　　　　　　　　　　　　　　　　　　　　　页　数

年		凭证	摘要	借　方										贷　方										借或贷	余　额									
月	日	字号		千	百	十	万	千	百	十	元	角	分	千	百	十	万	千	百	十	元	角	分		千	百	十	万	千	百	十	元	角	分

总　　　账

会计科目：　　　　　　　　　　　　　　　　　　　　　　　　　　　　　　　　　　　　　页　数

年		凭证	摘要	借　方										贷　方										借或贷	余　额									
月	日	字号		千	百	十	万	千	百	十	元	角	分	千	百	十	万	千	百	十	元	角	分		千	百	十	万	千	百	十	元	角	分

总　　　账

会计科目：　　　　　　　　　　　　　　　　　　　　　　　　　　　　　　　页　数

年		凭证		摘要	借　方										贷　方										借或贷	余　额									
月	日	字	号		千	百	十	万	千	百	十	元	角	分	千	百	十	万	千	百	十	元	角	分		千	百	十	万	千	百	十	元	角	分

总　　　账

会计科目：　　　　　　　　　　　　　　　　　　　　　　　　　　　　　　　页　数

年		凭证		摘要	借　方										贷　方										借或贷	余　额									
月	日	字	号		千	百	十	万	千	百	十	元	角	分	千	百	十	万	千	百	十	元	角	分		千	百	十	万	千	百	十	元	角	分

总　　　账

会计科目：　　　　　　　　　　　　　　　　　　　　　　　　　　　　　　　页　数

年		凭证		摘要	借　方										贷　方										借或贷	余　额									
月	日	字	号		千	百	十	万	千	百	十	元	角	分	千	百	十	万	千	百	十	元	角	分		千	百	十	万	千	百	十	元	角	分

总　　　账

会计科目：　　　　　　　　　　　　　　　　　　　　　　　　　　　　　　　　　　页　数

年		凭证		摘要	借　方										贷　方										借或贷	余　额									
月	日	字	号		千	百	十	万	千	百	十	元	角	分	千	百	十	万	千	百	十	元	角	分		千	百	十	万	千	百	十	元	角	分

总　　　账

会计科目：　　　　　　　　　　　　　　　　　　　　　　　　　　　　　　　　　　页　数

年		凭证		摘要	借　方										贷　方										借或贷	余　额									
月	日	字	号		千	百	十	万	千	百	十	元	角	分	千	百	十	万	千	百	十	元	角	分		千	百	十	万	千	百	十	元	角	分

总　　　账

会计科目：　　　　　　　　　　　　　　　　　　　　　　　　　　　　　　　　　　页　数

年		凭证		摘要	借　方										贷　方										借或贷	余　额									
月	日	字	号		千	百	十	万	千	百	十	元	角	分	千	百	十	万	千	百	十	元	角	分		千	百	十	万	千	百	十	元	角	分

表3-2-6　　　　　　　　科目汇总表　　　　科汇字第　号

编制单位：　　　　　　年　月　日　汇总第　号至　　号记账凭证

序　号	科目名称	借方发生额	贷方发生额	总账页数
	合　计			

表3-2-7　　　　　　　　　　　　**科目汇总表**　　　　**科汇字第　号**

编制单位：　　　　　　　年　月　日　汇总第　号至　　号记账凭证

序　号	科目名称	借方发生额	贷方发生额	总账页数
	合　计			

表3-2-8　　　　　　　　　　　总分类账户发生额及余额试算平衡表

账户名称	期初余额		本期发生额		期末余额	
	借方	贷方	借方	贷方	借方	贷方
库存现金						
银行存款						
应收账款						
其他应收款						
在途物资						
原材料						
周转材料						
库存商品						
固定资产						
累计折旧						
无形资产						
短期借款						
应付账款						
应付利息						
应付职工薪酬						
应交税费						
实收资本						
资本公积						
盈余公积						
本年利润						
生产成本						
主营业务收入						
销售费用						
管理费用						
制造费用						
主营业务成本						
税金及附加						
所得税费用						
合　计						

表3-2-9 　　　　　　　　　　　　　**资产负债表** 　　　　　　　　　　　　　**会企01表**

编制单位： 　　　　　　　　　　　　　年　月　日 　　　　　　　　　　　　　单位:元

资　产	期末余额	年初余额	负债及所有者权益	期末余额	年初余额
流动资产:			流动负债:		
货币资金			短期借款		
交易性金融资产			交易性金融负债		
应收票据			应付票据		
应收账款			应付账款		
预付账款			预收账款		
其他应收款			应付职工薪酬		
存货			应交税费		
一年内到期的非流动资产			其他应付款		
其他流动资产			一年内到期的非流动负债		
流动资产合计			其他流动负债		
非流动资产:			流动负债合计		
债权投资			非流动负债		
其他债权投资			长期借款		
长期应收款			应付债券		
长期股权投资			长期应付款		
投资性房地产			预计负债		
固定资产			递延所得税负债		
在建工程			其他非流动负债		
生产性生物资产			非流动负债合计		
油气资产			负债合计		
无形资产			所有者权益(或股东权益):		
开发支出			实收资本(或股本)		
长期待摊费用			资本公积		
递延所得税资产			盈余公积		
其他非流动资产			未分配利润		
非流动资产合计			所有者权益(或股东权益)合计		
资产总计			负债及所有者权益(或股东权益)总计		

表3-2-10　　　　　　　　　　　利　润　表　　　　　　　　企会02表

编制单位：　　　　　　　　　　　年　月　日　　　　　　　单位:元

项　　目	本期金额	上期金额
一、营业收入		略
减:营业成本		
税金及附加		
销售费用		
管理费用		
财务费用		
资产减值损失		
加:公允价值变动收益(损失以"－"号填列)		
投资收益(损失以"－"号填列)		
其中:对联营企业和合营企业的投资收益		
二、营业利润		
加:营业外收入		
减:营业外支出		
三、利润总额(亏损总额以"－"号填列)		
减:所得税费用		
四、净利润(净亏损以"－"号填列)		
五、每股收益:		
(一)基本每股收益		
(二)稀释每股收益		

参 考 文 献

[1] 黄明.会计原理实验教程[M].北京:高等教育出版社,2004.

[2] 李泽岚.基础会计全真实训[M].北京:清华大学出版社,2009.

[3] 秦玉霞.基础会计模拟实训教程[M].北京:科学出版社,2009.

[4] 韦雁翎.基础会计实训[M].北京:化学工业出版社,2009.